오늘도
미세먼지
나쁨

오늘도 미세먼지 나쁨

잿빛 호흡,
대기 오염의 역사와
오늘

김동환 지음

Humanist

미세먼지가 우리의 일상을 바꾸었다. 아침에 일어나면 미세먼지 농도를 확인한 뒤 그에 따라 약속이나 외출 계획을 뒤집기도 하고, 황사 마스크도 상비약처럼 가방 구석에 챙겨 넣는다. 창문을 열기 전에도 마치 허락을 구하듯 미세먼지 농도를 확인하고, 자전거, 산책, 등산 등 야외 활동에도 제약이 많아졌다. 공기청정기는 24시간 쉬지 않고 돌아가며 미세먼지로부터 가족과 나를 지키는 마지막 보루가 되었다. 음식이든 식물이든 옷이든, 미세먼지와 한 가닥의 연관성이라도 있다면 방송을 타고 부리나케 소개된다. 휴대용 산소캔 같은 상상 속 제품도 현실 세계에서 마주하게 됐다. 영화나 소설, 조금 더 먼 미래에서나 있을 법한 일인 줄 알았는데, 이렇게 현실이 되었다.

2016년 세계보건기구(WHO)가 미세먼지를 명확한 1군 발암물질로 확정했다. 미세먼지가 인체에 미치는 위험성을 경고한 지도 오래되었고, 연간 1,000건 이상의 미세먼지 관련 의학 논문이 전 세계에서 쏟아지고 있다. 미세먼지에 장기간 노출되면 폐 질환뿐 아니라 심장 질환, 뇌졸중 등 각종 질병에 걸리고, 수명이 줄어들 위험이 커진다는 사실이 밝혀지고 있다. 특히 주변국에서 한국으로 넘어오는 미세먼지의 양도 점점 늘어나 이제는 국민 건강에 직접적으로 악영향을 미치고 있다. 실제로 2017년 3월 국제 학술지 《네이처Nature》는 중국발 초미세먼지의 영향으로 2007년 한국 등 동아시아 지역의 조기 사망자 수가 3만 900명에 달한다는 충격적인 연구 결과를 발표했다. 초미세먼지가 국가와 지역의 경계를 넘어 조기 사망률에 큰 영향을 미치고 있는 것이다.

미세먼지가 자욱한 날 등하교하는 아이들을 보면 마음이 무거워진다. 잿빛 미세먼지가 고스란히 몸속 곳곳에 박히고 있다는 생각만으로도 화가 치민다. 우리 아이들이 더 짙어질 회색 도시에서 살아가지 않도록 국민이 목소리를 모아 정부와 국회에 당당히 소리쳐야 한다. 지금이라도 대기 오염의 굴레를 벗어나 성공한 사례를 참고하고, 미세먼지의 실체가 무엇인지 이해하며, 주변국의 미세먼지 피해를 한국이 공유하고 있는 이유를 살펴보아야 한다. 이를 통해 우리 아이들도 맑은 봄바람을 느낄 수 있도록 만들어야 한다. 두 손 놓고 포기하면 돌이키기 어려운 재앙으로 다가올 뿐이고, 그 가혹한 대가는 오롯이 우리 아이들에게 돌아갈 것이기 때문이다.

2018년 4월
김동환

차례

1장

위험한 안개

대기 오염의 역사

첫 번째 사건: 1930년, 뫼즈 계곡의 안개

벨기에는 면적이 우리나라의 3분의 1밖에 되지 않는 작은 나라지만, 1820년대에 영국에 이어 두 번째로 산업혁명을 일으켰을 만큼 산업 개발에 일찍 눈 뜬 곳이다. 특히 남동부의 리에주Liège는 주요 산업도시로 급성장하고 있었다. 950킬로미터에 달하는 뫼즈Meuse 강이 프랑스와 네덜란드까지 뻗어 있어 물류에 유리했고, 산업혁명의 핵심 자원인 석탄과 철광석도 가득했다. 노동자들이 떼로 몰려와 20세기 초반에는 인구가 30만 명에 이를 정도로 급성장한 도시였다. 리에주에서 뫼즈 강을 따라 남서쪽으로 약 25킬로미터 아래 위치한 위이Huy까지는 너비 1~2킬로미터, 깊이 60~80미터에 달하는 계곡이 있다. '뫼즈 계곡'이라 불리는 이곳은 산업혁명이 시작되던 때부터 석탄으로 만든 고체 연료인 코크스cokes[1] 생산 공장, 쇠를 강철로 만드는 제강 공장, 유리 공장, 아연 제련소 등 27개의 크고 작은 공장과 여러 마을이 자리 잡았다.

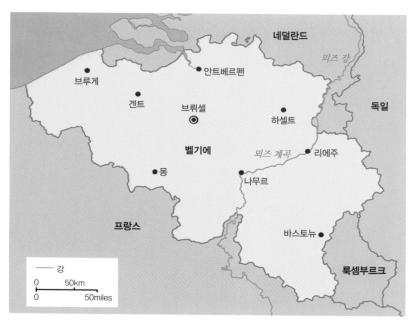

그림 1 **뫼즈 계곡의 위치**

　1930년 12월 1일, 짙은 안개가 벨기에 전체를 뒤덮었다. 뫼즈 계곡도
예외가 아니었다. 바람마저 고요한 탓에 안개는 시간이 흐를수록 짙고
어두운 색으로 변해갔다. 안개로 뒤덮인 첫날부터 이따금 들리던 주민들
의 기침 소리는 사흘째가 되자 마을 전체를 뒤덮어버렸다.

　닷새째인 12월 6일, 미동도 없는 묵직한 안개를 밀어낼 강한 바람이 불

1　코크스는 주로 제철, 주물, 가스화(도시가스 및 화학공업)에 사용된다. 값이 비싸고 착화점이 섭
　　씨 500도에 달해 불이 잘 붙지 않으며, 잘 타지도 않기 때문에 가정용 연료로는 거의 사용하지
　　않는다.

그림 2 **뫼즈 계곡의 현재 모습**

기 시작했다. 하지만 안개가 걷힌 뫼즈 계곡은 이미 아비규환의 아수라장으로 변해 있었다. 확인된 사상자는 총 6,000여 명. 그중 사망자는 60명에 달했다. 죽음의 안개가 계곡에 머문 닷새 만에 벌어진 대참사였다.

벨기에 정부는 즉각 사태 수습에 나섰다. 안개가 걷힌 12월 6일, 리에주 관할 검사가 사건의 원인을 조사하기 시작했고, 약 40억 원에 가까운 예산(25만 프랑)을 책정하여 의학, 법의학, 공업화학, 독성학 등 각 분야최고 전문가로 조사위원회를 꾸렸다. 안개가 걷힌 닷새 후, 엘리자베트 Elisabeth 왕비는 직접 계곡을 방문해 주민들을 위로하기도 했다. 조사위원회는 공장에서 사용된 30여 가지 물질에 대한 분석과 식수, 음식, 의복 등 의심 가는 모든 것을 염두에 두고 수사하기 시작했다.

조사위원회가 인터뷰한 주민들의 경험담은 거의 비슷했다. 안개가 정체된 지 사흘째 되던 날, 대기 상태가 가장 탁해지면서 후두부(기도)의 통증, 복장뼈(흉골) 뒷부분의 통증, 발작적인 기침과 메스꺼움이 심해졌다. 이 밖에 구토, 폐부종(폐에 체액이 과도하게 쌓여 호흡이 곤란해지는 증상), 청색증(혈관 내 산소 결핍으로 입술, 손톱, 귀, 광대 부위가 청색으로 보이는 증상) 등을 겪은 이들도 있었다. 1930년 12월 7일과 11일, 사망자 60명 중 10명에 대한 부검 결과 기관지와 폐의 손상이 심각했다. 후두부와 기관지에서 출혈이 발견됐고, 특이하게도 폐포(폐의 공기주머니)에는 시커먼 검댕soot 입자가 빼곡히 박혀 있었다. 다른 장기 손상은 발견되지 않았다.

1931년 1월 17일, 조사위원회는 뫼즈 계곡 재난의 원인을 분석한 예비 보고서를 발표했고, 1931년 5월 19일에 벨기에 왕립의학원에 최종 보고서를 제출했다. 다섯 달여에 걸친 대대적인 조사 결과, 뫼즈 계곡 사건의 주요 원인은 크게 두 가지로 드러났다.

첫 번째는 해당 지역의 오염된 공기였다. 뫼즈 계곡에서는 석탄을 유일한 에너지원으로 사용하고 있었다. 값싸고 편리하니 공장뿐 아니라 주민들의 난방, 취사 등 석탄을 쓰지 않는 곳이 없었다.

그런데 석탄에 함유된 '황sulfur'이 문제였다. '유황硫黃'이라고도 알려진 이 원소는 주로 화약, 농약, 고무, 염료, 의약품 등에 두루 활용되는데, 《구약성서》에 언급되어 있을 만큼 오래전부터 사용해왔다. 석탄을 태우면 황이 산소와 결합해 이산화황(SO_2)이라는 유독성 기체가 발생한다. 색이 없어서 눈에 보이진 않지만 썩은 계란 냄새를 풍기는 이산화황은 공기 중 0.05피피엠만으로도 노약자에게 기관지염을 발생시키며, 약 1피피엠이면 식물 잎사귀에 반점이 생기고 결국 말라 죽게 만들 정도로 독성이 강하다.

뫼즈 계곡 안개 속 이산화황의 농도는 약 9.6피피엠가량, 최고 38.4피피엠 정도로 추정됐다. 여기서 끝이 아니었다. 현재 WHO 24시간 기준으로는 무려 약 204~818배에 달하는 치명적인 농도였다. 이산화황은 공기 중의 수분과 결합해 황산(H_2SO_4)으로 변했고, 황산은 또다시 자극성이 4~20배 더 강한 안개 상태의 황산미스트로 변해 계곡을 샅샅이 메웠다. 황산미스트가 모여 빗방울을 이루면 산성비가 되어 금속은 녹슬고, 대리석의 석회 성분을 녹여 건축물이나 예술품을 망가트린다. 토양이나 호수, 늪을 산성화시켜 서서히 죽게 만드는 주범이기도 하다.

당시 뫼즈 계곡의 황산미스트에는 석탄을 태워서 발생한 검댕까지 섞여 있었는데, WHO에서 발암물질로 분류한 검댕은 크기가 굉장히 미세해서 코 점막이나 기도에서 걸러지지 않고 폐포까지 들어와 박혀 있었다. 20세 청년도 포함되어 있기는 했지만, 닷새 동안 발생한 60명의 사망자는 주로 평균 연령 62세의 폐 질환 등 건강 이상 증세가 있던 노약자들이었다. 그들은 단지 숨 쉬는 것만으로 생명의 끈이 잘려나간 것이다.

뫼즈 계곡 사건의 둘째 원인은 당시의 기상 여건이었다. 평소와 같았더라면 골짜기를 따라 바람이 계속 불어야 했다. 그 바람을 타고 공장과 가정에서 뿜어져 나온 오염 물질도 흩날려 옅어져야 했다. 그러나 12월 1일부터 5일까지 닷새 동안은 평소와 같지 않았다. 바람은 시속 1~2킬로미터에 불과할 정도로 매우 약하게 불었다.

더 큰 문제는, 지상에서 70~80미터 상공에 형성된 역전층inversion layer이었다. 일반적으로 대기권은 지표면으로부터 평균 100미터씩 높아질수록 섭씨 0.5~0.6도씩 온도가 낮아진다. 이를 기온 체감 현상이라고 하는데, 지표면으로부터 받는 복사에너지가 감소한 까닭에 발생한다. 차가운

그림 3 역전층의 대표적인 사례 카자흐스탄 알마티 지역의 스모그. 마치 기온 역전층을 경계로 전혀 다른 두 사진이 합쳐진 듯하다.

공기는 무거워서 아래로 가라앉고 따뜻한 공기는 가벼워서 위로 떠오르는 기본 성질 때문에 일어나는 기온 체감 현상은 대기를 순환시킨다. 그러나 역전층에서는 고도가 높아질수록 대기 온도가 올라가는 반대 현상이 일어난다. 아래쪽의 찬 공기와 위쪽의 따뜻한 공기가 서로의 위치에서 이동하지 않아 바람도 불지 않는다. 때문에 대기권에 역전층이 형성되면 상하층의 대기가 섞이지 않는다. 지상에서 발생한 매연 등 오염 물질이 상공으로 확산되지 못하고 지표 부근에 머물면서 점점 짙어지다가 안개까지 합쳐지면 스모그smog(연기smoke+안개fog) 현상으로 나타나게 되는 것이다. 역전층은 대기 오염의 주요인이다.

 1930년 12월 1일부터 닷새 동안 뫼즈 계곡 상공에 형성된 역전층은 27개의 공장과 가정에서 뿜어져나오는 엄청난 양의 유해 물질과 매연을 고스란히 안개 속에 끌어 담아 하늘 아래로 돌려보냈다. 뜻밖의 기상 여건이

그림 4 뫼즈 계곡의 안개

만들어낸 죽음의 안개는 주민뿐 아니라 소를 비롯한 가축, 새, 쥐 등 하늘 아래 모든 생명체에 치명적 피해를 남겼다.

　뫼즈 계곡 사건 조사위원회의 최종 보고서가 '오염된 공기'와 '기상 여건' 두 가지를 주요 원인으로 제시하긴 했으나, 이는 벨기에 국민의 의혹을 충분히 풀어주지 못했다. 당시 기술 수준의 한계에 부딪혀 모두가 인정할 만한 명확한 증거를 제시할 수 없었기 때문이다. 두 원인을 뒷받침해주는 과학적 실험 결과도 없었고, 대기 오염 물질도 확보하지 못했으며, 사망자 부검으로 얻은 정보도 충분하지 못했다. 조사위원회의 최종 보고서 내용은 대부분 일반적인 가설과 개연성에 따라 도출한 내용으로, "호흡 곤란을 겪은 주민 대부분의 증세가 안개가 걷힌 후 2~3일 뒤에 호전되었으니, 안개가 원인일 것이다."라는 식이었다. 최종 보고서를 인정하지 못한 유럽의 대학, 연구소, 학자 들은 독자적인 연구를 통해 원인

밝히기에 나서기 시작했다.

덴마크 출신의 과학자 카이 로홀름Kaj Roholm은 뫼즈 계곡 사건에 새로운 방향을 제시한 대표적인 학자였다. 그는 1937년에 발간한 저서 《플루오린 중독: 임상학적·위생학적 연구Fluorine Intoxication: A Clinical and Hygienic Study》로 해당 분야의 발전에 크게 기여했다고 찬사 받았던, 당대 최고의 플루오린(불소) 연구 권위자였다. 로홀름은 같은 해인 1937년에 논문 〈1930년 뫼즈 계곡 안개 참사: 플루오린 중독The Fog Disaster in the Meuse Valley, 1930: A Fluorine Intoxication〉을 통해 뫼즈 계곡 사건의 주요 원인으로, 석탄이 아닌 플루오린 가스를 지목했다.

그는 뫼즈 계곡의 여러 제련소와 유리 제조 공장에서 사용한 광물인 형석fluorspar(CaF_2)을 의심했는데, 플루오린이 40퍼센트 이상 섞여 있는 형석은 금속을 제련할 때는 불순물 제거용으로, 유리 제품을 생산할 때는 흰 빛이 나게 하는 유약 첨가물 등으로 쓰이던 필수 광물이었다. 문제는 형석을 자칫 잘못 다루었을 경우 '사플루오린화 규소(SiF_4)'라는 무색의 독성 가스가 발생한다는 사실이다. 이를 다량 흡입할 경우 급성 중독으로 사망할 수도 있다.

로홀름은 뫼즈 계곡에 안개가 가득했던 첫날에는 이 독성 가스의 농도가 낮아 인체에 해를 끼칠 정도는 아니었으나, 사흘째에는 안개와 혼합되어 급성 중독을 일으킬 만큼 고농도 상태였다고 주장했다. 그러나 뫼즈 계곡 사건 조사위원회는 그의 주장을 받아들이지 않았다. 오늘날에는 석탄과 플루오린 둘 다 뫼즈 계곡 사건의 원인이 될 수 있다고 보고 있다. 뫼즈 계곡에 대한 로홀름의 연구 덕분에 자연 상태의 플루오린과 충치 예방을 목적으로 수돗물에 첨가되는 플루오린의 영향에 대한 논란이 일었다. 로홀름은 수돗물에 플루오린을 첨가하는 것을 반대했다.

애초에 두 번째 원인으로 지목된 뫼즈 계곡의 당시 기상 여건, 즉 안개는 죄가 없었다. 주민들은 과거에도 안개가 계곡을 가득 메우고 며칠씩 머물다 가는 경우가 드물게나마 분명히 있었다고 증언했다. 리에주에서 약 9킬로미터 떨어진 코엥테Cointe 시의 기상 관측소 자료를 보아도 지난 40년간 뫼즈 계곡이 사흘 넘게 연이어 안개에 갇혀 있던 사례가 12차례 관측된 바 있었다. 뫼즈 계곡 사건 이후, 회색 안개는 걷혔지만 마을 주민 중 심장과 폐 질환으로 사망하는 사람의 비율은 급격하게 증가했다. 기타 질환을 포함한 전체 사망률도 다른 지역에 비해 10.5배 이상 높아졌다. 닷새 동안 나타난 회색 안개는 누적된 대기 오염을 방치한 결과가 얼마나 끔찍해질 수 있는지를 보여주는 경고였다. 주민들 스스로 가해자이자 피해자가 된 어처구니없는 인재人災였던 셈이다.

산업혁명 이후 처음으로 대규모의 인명 피해를 입힌 뫼즈 계곡 안개 사건은 결국 '세계 3대 대기 오염Air Pollution 사건'에서 가장 상위에 놓이게 되었다. 산업화의 시작으로 화석 연료와 광석을 대량 사용하면서부터 스모그 형태의 대기 오염 또한 산업화의 동반자가 되고 말았다.

두 번째 사건: 1948년, 도노라의 스모그

1875년, 미국 최초의 근대 자본가로 평가받는 앤드루 카네기Andrew Carnegie는 자신의 첫 강철 공장을 미국 북동부 펜실베이니아 주 피츠버그에 설립했다. 그 후 제철업은 고속 성장했고, 그가 30세에 세운 제철소는 세계 최대의 철강 회사가 되었다. 그는 '강철왕'이라 불리며 미국 역사에 큰 획을 그었지만, 그가 처음 공장을 세운 피츠버그는 심각한 대기 오염 탓에 '스모키 시티Smoky City'라 불리게 됐다. 그런데 불과 48킬로미터 떨어진 곳에 피츠버그의 대기 오염 정도는 한낱 에피소드로 만들어버린 곳이 생겨났다. 바로, '도노라 자치구Donora Borough'다.

1940년대 철강 생산지로 유명했던 도노라 자치구는 U자 형태의 언덕으로 둘러싸인 곳에 자리 잡은 마을이다. 총 길이 210킬로미터의 머논가힐라Monongahela 강을 끼고 있어서 석탄·코크스·강철·철 등 지역 주요 생산품 수송에 탁월한 대규모 공업 지역이었다. 그곳에 강철왕 카네기가 설립한 세계 최대의 철강 회사인 US스틸United States Steel Corporation의 자회사였던 두 개의 거대 공장, 아메리칸 스틸 앤드 와이어컴퍼니American Steel & Wire company와 16만 1900제곱미터(약 5만 평) 규모의 도노라 아연공장Donora Zinc Works이 자리 잡고 있었다. 도노라 아연공장은 1915년에 설립된 이후 도노라 인구의 절반인 6,500여 명의 근로자를 고용하고 지역 산업을 주도하며 365일 24시간 내내 쉬지 않고 석탄을 태워댔다.

아연공장이 가동을 시작하고 2년이 지난 후, 근로자들의 건강에 적신호가 나타났다. 만성적인 두통, 메스꺼움, 호흡 곤란 등의 증세를 보이는 근로자가 발생했다. 도노라 주변의 농작물이 말라 죽고, 가축이 폐사하자 농부들은 아연공장을 상대로 손해배상 소송을 제기했다. 당시 아연공장에서 꾸역꾸역 뿜어져나오던 연기는 황산(H_2SO_4), 플루오린, 일산화탄소(CO), 이산화탄소(CO_2), 카드뮴(Cd) 등 각종 유독 가스와 중금속 먼지 범벅이었다. 1948년, 회사 내부에서 공장 설비의 노후화가 언급되긴 했지만 정작 설비 교체나 기술 개선은 없었다.

주민들의 생활도 대기 오염에 얼룩지기 시작했다. 산성비가 내려 집 외벽의 페인트는 벗겨지고, 커튼은 삭아서 구멍이 나고, 옷은 금방 색이

그림 5 도노라 공장에서 뿜어져 나오는 오염 물질

바랬다. 안개라도 끼는 날이면 외출할 때 입었던 흰 옷이 짙은 회색으로 변했으며, 병원은 기침과 기관지 통증을 호소하는 주민으로 북새통이 될 정도였다.

하지만 아연공장에 공식적으로 불만을 제기하는 이는 아무도 없었다. 만약 공장이 멈출 경우, 지역 경제 전체가 마비된다는 것을 잘 알고 있었기 때문이다. 주민 절반이 독일, 러시아, 동유럽 등지를 떠나 미국으로 건너온 이민자이자 두 공장에서 일하며 생계를 이어가는 공장 근로자였다. 오늘내일 먹고 살기 위해서 부득불 공장 연기를 마시지 않을 수 없었다.

1948년 10월 26일 화요일 이른 아침, 여느 날과 다름없이 분주하게 돌아가던 도노라 공업지대에 사뭇 짙어진 안개가 무겁게 내려앉았다. 27일 수요일, 일부 주민은 안개의 질감이 평소와 다르다는 것을 느낄 수 있었다. 눅눅한 안개에서 역한 냄새가 느껴지기도 했다. 28일 목요일, 짙어진 안개는 노란 빛을 띠며 끈적임이 느껴질 정도로 농밀해졌다. 마치 땅속에 뿌리박은 듯 스모그는 미동조차 하지 않았다.

29일 금요일, 스모그로 혼탁해진 시야 때문에 등하굣길의 학생들이 방향을 잃어 길을 헤매는 해프닝이 벌어졌다. 도노라 머논가힐라 메모리얼 Monongahela Memorial 병원과 인근의 찰로이-모너센Charleroi-Monessen 병원에는 호흡 곤란으로 쌕쌕거리는 사람, 기침을 하며 피를 토하는 사람, 피부가 푸른빛을 띠며 청색증이 의심되는 사람들이 급증했다.

30일 토요일, 숨을 삼키면 입안에서 이물질이 씹힐 만큼 스모그는 초고농도에 다다랐다. 손을 뻗으면 자기 손바닥도 보이지 않았다. 사망자 수는 걷잡을 수 없이 늘어났고 지역의 장의사가 보유하고 있던 관이 동날 정도였다. 관을 구하지 못한 사망자 가족은 임시방편으로 시민회관에 시신을 안치했다. 며칠 사이에 도노라는 아비규환의 생지옥으로 변했지만, 아연공장은 여전히 시치미 뚝 떼고 정상 가동 중이었다. 공장을 멈추어달라는 주민들의 요청이 있었지만 시의회와 US스틸 경영진은 갑작스러운 스모그 사태와 공장의 연관성을 부인한 채 이를 묵살했다.

1948년 10월 31일 일요일 오전, 스모그로 인한 사망자 수는 20명을 기록했다. 사망자는 52세에서 85세의 고령으로 대부분 호흡기 질환을 겪던 이들이었다. 이 밖에도 병원에 입원한 환자는 600여 명, 두통과 복통, 구토 등으로 극심한 고통을 겪은 사람은 6,000여 명으로 도노라 주민 절반가량은 숨 쉬는 것만으로도 며칠 새 눈에 띄게 건강이 악화됐다. 아연공장은 결국 가동 중단을 선언했다. 공장 불이 꺼진 지 불과 몇 시간 후, 비바람을 동반한 큰 폭풍이 불어닥쳤다. 끈적이고 냄새나고 지독했던 공기 덩어리는 폭풍에 휩쓸려 홀연히 사라져버렸다.

그리고 일주일 만에 공장은 다시 가동을 시작했다. 마치 어떤 일도 없었다는 듯이 주민들도 상점을 다시 열었고, 아이들은 거리에 나와 뛰어

그림 6 스모그 탓에 점심시간에도 한밤중 같은 도노라 거리(위)와 스모그 관련 사망 소식을 알리는 1948년 10월 30일자 신문 기사(아래)

놀았다. 끔찍했던 스모그가 사라진 지 한 달도 채 되지 않을 무렵, 주민 50명이 추가로 사망했다. 그럼에도 도노라 주민들은 더 이상 살인 스모그에 대해 입을 열지 않았다.

주민들의 함구에도 도노라 스모그 사건이 발생한 지 3개월 후, 연방 정부가 직접 사태 조사에 나서기 시작했다. 집중적인 조사의 중책을 맡은 미국 공중보건국Public Health Service(PHS)은 도노라의 모든 가정을 방문해 주민과 인터뷰를 진행하고, 공장에서 배출된 오염 물질을 채취하고, 기상 상태 등을 분석하여 예비 보고서를 발표했다. 그러나 사건의 중대

함에 비해 예비 보고서의 내용은 빈약하기 짝이 없었다. 마땅한 결론조차 내리지 못한 채 열 가지 개선 방안을 권고한 것이 전부였다. 그중 아홉 개는 아연공장의 배출가스를 감소해야 한다는 것이었고, 나머지 한 개는 보다 빠른 기상 예보로 스모그 발생 시 주민 대피 경고를 해야 한다는 내용이었다. 이후에도 추가 조사는 없었고, 결국 예비 보고서는 최종 보고서로 이름만 바뀌어 제출됐다. 심지어 외부에 공개되기도 전에 누군가 보고서를 폐기해버리고 말았다. 시작만 요란했을 뿐, 정부의 도노라 사건 원인 조사는 용두사미로 끝나고 말았다.

조용히 묻히는 듯싶던 도노라 스모그 사고는 언론의 집요한 보도 덕분에 전국적인 이슈로 떠오르게 됐다. 아연공장과 모기업 US스틸에 대한 국민적 반감과 비판 여론이 거칠게 휘몰아쳤다. 비영리단체와 변호사의 도움을 받은 도노라 주민 130여 명은 자본금 14억 달러, 미국 시장 점유율 67퍼센트, 최대 고용 인원 34만 명에 달하는 초거대 공룡 기업인 US스틸을 마침내 법정으로 끌어낼 수 있었다.

US스틸의 입장은 단호했다. 스모그의 원인에 책임이 없음은 물론이고 그날의 끔찍했던 스모그는 U자 형태의 언덕으로 둘러쌓인 도노라 지역의 특이한 지형 때문에 발생한 불가항력적 사고였음을 되풀이해서 강조했다. 고집스레 일관된 US스틸의 태도에 지친 나머지, 결국 소송을 취하하는 주민마저 하나둘 발생하기 시작했다. 대기업과의 싸움이라는 심리적 부담감 때문에 포기한 것만은 아니었다. 그들에겐 가까이 살던 이웃 주민과 친척, 그리고 도노라 지역 주민 전체가 더 큰 부담이었다. 도노라 지역 주민에게 '아연공장의 폐쇄'는 곧 '생계 수단의 상실'을 의미했다. 소송 때문에 불안해진 미래를 한시라도 빨리 매듭 짓길 원하는 사람들의 암묵적 강요와 압력을 버텨내기가 힘들었던 것이다. 결국 법원의 중재로 싸움은 끝나고 말았다. US스틸의 미묘한 승리나 다름없었다. 소송 마지막까지 버티고 남았던 주민 80여 명에게 보상금 총 25만 5000달러(2016년 기준, 한화 약 2억 5000만 원)을 나누어 지급하는 것으로 끝났기 때문이다. 가족의 생명과 자신의 건강을 잃고 거대 기업과 끝까지 싸워 남았던 주민 80여 명에게 남겨진 것이라곤 1인당 3,000달러 남짓의 초라한 배상금뿐이었다.

도노라 스모그 사건을 재구성해보면, 벨기에 뫼즈 계곡 사건처럼, 당시 모든 악조건이 동시다발적으로 일어났다는 것을 알 수 있다. 1948년 10월 26일 갑작스레 몰려온 짙은 안개에 아연공장에서 1년 365일 24시간 내내 쉬지 않고 뿜어져 나오는 플루오린 화합물 가스 및 이산화황 등 각종 오염 물질이 섞이면서 유독성 스모그가 되었고, 기온 역전층 형성으로 스모그가 심해진 상태에서 언덕으로 둘러쌓인 도노라의 지형 때문에 스모그가 빠져 나가지 못하고 닷새 동안 정체되어 더욱 유독해진 것이다.

펜실베이니아 환경보호국Department for Environmental Protection(DEP)이 추정한 당시 도노라 지역의 이산화황 배출 농도는 세제곱미터당 약 1,500~5,500마이크로그램 정도 되는데, 현재 WHO의 이산화황 기준치가 세제곱미터당 20마이크로그램인 것을 고려하면, 무려 75~275배로 얼마나 충격적인 수준이었는지 짐작 가능하다. 도노라 스모그 사건이 발생한 지 10년이 지난 후에도 이 지역 주민들의 사망률은 여전히 다른 지역보다 한참 높은 수준이었다. 이미 심각한 대기 오염에 노출된 신체에는 시간도 약이 될 수 없었다.

미국 역사상 인명 피해가 가장 큰 대기 오염 사건으로 기록된 도노라 사건은 세계 3대 대기 오염 사건 중 두 번째 사건으로 역사에 남았다. 정확한 발생 원인은 영원히 미제로 남겨지게 되었지만, 그나마 다행인 것

그림 7 도노라의 스모그 박물관

은 도노라 스모그가 미국인에게 대기 오염에 대한 매우 충격적인 자각을 일으켰다는 점이다. 이 사건을 계기로 1955년 처음으로 미국 상원의회에서 대기 오염 규제법Air Pollution Control Act이 통과되었고, 1963년에는 린든 존스Lyndon Johnson 전 미국 대통령이 공기 질에 대한 기준을 정하고 배출을 제어하는 최초의 연방 법률인 대기 오염 방지법Clean Air Act에 서명했다. 그 결과, 1967년 새로운 대기 오염법의 적용과 근로자들의 파업으로 인해 말 많고 탈 많던 도노라의 US스틸 아연공장도 결국 가동을 포기하고 문을 닫았다.

그 후 1969년 상원의원 헨리 잭슨Henry M. Jackson은 기존의 대기 오염 정책보다 훨씬 더 강력한 규제를 담은 '1969 국가환경정책법National Environmental Policy Act of 1969'을 제출했다. 이 법안은 '국가환경정책법 National Environmental Policy Act'으로 명칭이 변경된 후 이듬해 1월 리처드 닉슨Richard Nixon(1913~1994) 대통령의 서명을 받아 미국 역사상 가장 강력한 대기 오염 방지법으로 발효되었다. 국가환경정책법에는 오존(스모그), 일산화탄소, 이산화황, 이산화질소, 납, 미립자 검댕의 기준을 적용하고 감시할 수 있는 환경보호국Environmental Protection Agency(EPA) 설립이 포함되어 있었다. 환경보호국은 2017년 기준 연간 약 80억 달러의 예산을 집행하고, 1만 5000여 명이 일하는 거대 기관으로 성장했다.

2008년 10월 20일, 도노라 시내 중심가에 작은 박물관 하나가 문을 열었다. 도노라 스모그 사건 60주년을 기념하여 1948년 당시의 생활 모습, 제철소, 독성 스모그 사건 관련 자료가 전시되어 있는 박물관이다. 입구에 걸린 간판 속 한 문장이 도노라의 스모그 긴 잿빛 역사를 압축해서 보여준다. 'CLEAN AIR STARTED HERE(깨끗한 공기는 여기서 시작됐다)'

세 번째 사건: 1952년, 런던의 스모그

사망자 1만 2000명과 부상자 20만 명. 테러도 전쟁도 아닌, 닷새 동안의 런던 스모그로 인한 피해자 규모다. 전쟁을 제외한 단일 사건으로 역사상 최악의 피해를 기록한 9·11 테러의 공식 사망자 수 2,996명과 부상자 수 6,291명을 훨씬 웃돈다. 1952년 12월 5일 금요일부터 12월 9일 화요일까지 닷새 동안 영국 런던을 덮친 대기 오염 사건인 '그레이트 스모그Great Smog'는 인공 재해가 만들어낸 최악의 테러 그 이상이었다.

사건 전까지 영국에서 스모그는 별일도 아니었다. 워낙 자주 발생하다 보니 걸쭉하다는 의미를 담아 '완두콩 수프Pea Soup'라는 별명도 붙여주었다. 1952년 12월 5일, 이날도 걸쭉한 수프 같은 공기는 여전했다. 다른 날과 조금 달랐던 점이라면, 바람이 별로 불지 않았다는 것 정도. 런던뿐 아니라 근교의 템스밸리Thames Valley에도 역전층이 형성되어 바람이 실종된 상태였다.

런던은 멕시코 만류의 영향을 받아 겨울에도 비교적 따뜻하고 강수량도 적다. 당시 런던 중심가의 기온은 섭씨 영하 1~2도 정도였는데, 1월의 평균 기온이 4.2도 정도로 비교적 따뜻한 겨울을 보내는 런던 치고는 꽤나 추운 날씨였다. 난방 연료였던 석탄 사용량도 평소보다 몇 배나 늘었다. 1950년대 당시 품질이 좋은 석탄은 대부분 수출용이었고, 가정에서 사용하는 석탄은 질이 매우 낮았다. 수분과 석탄에 포함된 휘발성 성분인 휘발분volatile matter이 많고 녹는점은 낮아서, 석탄 중 수분이 30~50퍼센트에 달하다 보니 열심히 태워도 마땅한 열이 나지 않았다. 휘발분이 높다 보니 공기 보급이 제대로 되지 않을 땐 불완전연소로 매연이 발생했다. 이날 런던의 수백만 가정에서 쏟아낸 이산화황과 검댕 등 산화물은 평소보다 두세 배 이상 증가했다. 게다가 짓다 만 듯한 높이의 낮은 굴뚝은 매연을 하늘 높이 올려 보내지 못하고 길바닥 위에 고스란히 흩뿌려놓았다.

문제는 가정에서 나오는 매연만이 아니었다. 런던을 포함하고 있는 그레이터 런던Greater London 구역 내 풀럼Fullham, 베터시Battersea, 뱅크사이드Bankside, 킹스턴어폰템스Kingston upon Thames 등지에 위치한 수많은 석탄 화력발전소가 더 큰 문제였다. 영국 기상청Meteorological Office에 따르면, 런던 스모그 당시 석탄 화력발전소에서 매일 배출한 오염 물질의 양은 연기 입자 1,000톤, 이산화탄소 2,000톤, 염산 140톤, 플루오린 화합물 14톤, 이산화황 370톤에 달했다.

밤이 되자 스모그는 노랗게 변했고, 가시거리는 4~5미터에 불과했다. 여기에 증기 기관차와 디젤 자동차에서 뿜어져 나오는 매연까지 더해진

그림 8 1952년 런던 스모그 당시 오후 2시 루드게이트 서커스 지역

스모그는 검은색으로 변했고, 급기야 12월 7일 일요일부터 8일 월요일까지 한낮임에도 가시거리가 1미터도 되지 않을 정도로 오염이 심각해졌다. 차량, 철도, 지하철, 선박의 통행 불능은 물론 비행기 이착륙도 불가능해졌고, 극장과 공연장 내부까지 스모그가 새어들어 스크린과 무대 위의 배우가 보이지 않을 정도였다. 앰뷸런스가 출동은 했지만 응급 환자가 발생한 장소를 찾아내지 못해 사망자가 속출했고, 불이 나서 소방차가 출동했지만 화재가 난 곳이 어딘지 찾을 수 없어 불을 끌 수도 없었다. 런던은 눈 먼 자들의 도시가 되어버렸다.

　1952년 12월 9일 화요일 아침, 거짓말같이 스모그가 사라졌다. 런던 시민들은 곧장 일상으로 복귀했다. 도시가 마비되었음에도 큰 소란도, 집단 패닉도, 유언비어도 없었다. 이미 스모그에 길들여진 런던 사람들은 이번 스모그가 그저 다른 때보다 좀 더 진하고 오래 머물다 갔을 뿐 별다른 위험을 느끼진 못했기 때문이다. 언론사도 순한 양 떼마냥 차분한 분위기였다. 지하철 등의 교통수단이 마비된 상황에서 직장인들이 어떻게 귀가했는지에 대한 기사나 주말에 취소된 축구 경기에 대한 기사, 스모그로 인한 강력 범죄 사건 등에 대한 기사만 주로 다루었을 뿐이다. 며칠이 더 지난 12월 12일에서야 수상한 안개 때문에 고통 받는 사람들이 런던 병원에 가득하다는 우려의 기사가 나오기 시작했다.

스모그가 물러난 지 3주 후, 영국 정부는 관련 사건사고를 비롯한 각종 통계 자료를 발표했다. 태연했던 런던 시민들은 충격을 받았다. 확인된 사망자가 4,000여 명에 달했다. 있어도 없는 듯 무시해도 괜찮은 줄 알았던 대기 오염에 대한 공포가 그제야 폐부 깊숙한 곳에서부터 숨 가쁘게 느껴지기 시작했다.

시간이 지날수록 사망자는 늘어났다. 1953년 2월, 노동당Labour Party의 마커스 의원은 스모그로 인한 사망자가 6,000여 명에 달하고, 관련 환자는 2만 5000여 명에 이른다고 주장했다. 50여 년이 지난 최근의 연구 결과, 런던 사망자는 1만 2000여 명을 훨씬 웃돌 것이라 보고 있다. 스모그에 의해 직접적으로 며칠 안에 목숨을 잃거나 아프지 않았다 하더라도, 당시 마신 스모그가 치명적인 장기 손상이나 이상 증세 또는 질환의 촉매제가 되어 결국 사망에 이른 사람을 포함한 결과다. 스모그 발생 당시에 사망한 수천 명은 대부분 어린이와 노약자 그리고 호흡기 질환 등을 앓던 환자들이었다.

1956년, 영국 의회는 대기청정법Clean Air Acts을 통과시켰으며, 이 법안은 추후 미국과 유럽 국가들의 관련법 제정에 지대한 영향을 주었다. 이를 바탕으로 특정 지역의 매연 배출을 금지하고, 무연탄Anthracite(연소

시 연기가 나지 않는 석탄)과 코크스(휘발 성분을 없앤 무연탄) 등 청정 연료를 사용하도록 인센티브를 제공하고, 석탄 화력발전소를 지방으로 이전시키는 등 참혹했던 런던 스모그의 재발 방지를 위한 다양한 대책을 강구해 나갔다.

런던 시민들이 스모그로 무너지던 당시, 초미세먼지 농도는 오늘날 WHO 기준으로 178배, 이산화황은 무려 약 192배 정도였을 것으로 보고 있다. 사망의 직접적 원인이 석탄 연소로 인한 검댕과 이산화황 등의 산화물이라는 의견에는 이론의 여지가 없었다. 추가적으로, 21세기 들어 미국과 영국의 여러 연구자가 사망자의 보존이 잘 된 폐 조직을 정밀 조사해보았더니, 석탄 이외에도 디젤 연료에서 배출된 것으로 추정되는 납(Pb) 등 중금속과 고밀도로 응축된 12개 이상의 다른 초미세물질들이 추가 발견되어 이 또한 주요 사망 원인에 포함됐다. 이는 초미세입자(먼지)와 디젤 연료 산화물이 20세기 초부터 인류의 건강을 위협하기 시작했다는 점을 시사해준다.

대기 오염의 역사

대기 오염은 언제부터 시작되었을까? 화산 폭발이나 대형 산불 같은 자연재해까지 포함한다면 지구 생성 시점까지 한참 거슬러 올라가야 한다. 하지만 인공적인 대기 오염은 인류가 사용한 불의 역사와 같은 선에서 출발한다고 볼 수 있다. 대기 오염의 원천은 뭐니 뭐니 해도 불완전 연소로 생긴 시커먼 그을음, 즉 매연이기 때문이다.

호모 에렉투스*Homo erectus*나 호모 사피엔스*Homo sapiens* 등 고생인류 및 현생인류로 분류되는 사람속Homo이 불을 처음 사용한 시기는 약 100만 년 전부터다. 그 흔적은 아프리카에서 10여 곳 정도 발견되었는데, 그 중 케냐 바링고 호수Lake Baringo 부근의 체소완자Chesowanja 지역에서 약 142만 년은 족히 되었을 것으로 추정되는 불에 탄 진흙 조각 50개와 화로火爐로 사용한 듯한 돌들이 발견됐다. 이 진흙 조각들은 단지 고구마 태우듯 간단히 구운 것이 아니라 최소 섭씨 400도에 도달해야만 굳어지는 경화硬化 과정을 거친 것으로 나타났다. 케냐 투르카나 호수Lake Turkana의 유명한 선사시대 유적지 쿠비포라Koobi Fora 지역에서도 약 150만 년 전 호모 에렉투스가 사용한 것으로 추정되는 섭씨 200~400도에 그을린 붉은빛 퇴적물이 발견되기도 했다.

사람속이 선사시대에 불 땔 때 연기마저 대기 오염의 시초라 하다니 너무 야박해 보일 수 있겠으나, 당시는 오염 물질의 양이 적어서 자연이 스스로 정화할 수 있는 환경이었기 때문에 공기가 깨끗했던 것이지, 미약하게나마 대기 오염의 시초인 것은 분명하다. "네 시작은 미약했으나, 나중은 심히 창대하리라"라는 성경 구절처럼 인공적 대기 오염, 즉 '사람이 발생시켰으나 되레 사람에게 나쁜 영향을 끼치는 물질이 공기 중에 뒤섞이는 일'도 그렇게 시작되었다.

인간이 대기에 직접적으로 피해를 입기 시작한 것은 동굴에서 살림살이를 시작하면서부터다. 현재까지 발견된 고고학적 증거로 보았을 때, 동굴에서 불을 피우고 살았던 가장 오래된 인류는 호모 에렉투스에 속했던 베이징원인Peking man으로, 그 시기는 약 70만 년 전인 것으로 보고 있다. 현생 인류의 직계 조상인 호모 사피엔스는 남아프리카 일대에서 약 17만 년 전 동굴 생활을 시작했다. 동굴 유적지를 살펴보면 벽에 규칙적으로 쌓인 두꺼운 검댕 층이 발견되는 경우가 많은데, 이는 불씨를 계속 살려놓거나 음식을 익히기 위해서, 또는 모기 같은 흡혈 곤충 등을 쫓기 위해서 나무를 지속적으로 태운 흔적이다. 동굴 주거지는 혹독한 날씨와 맹수로부터 안전할 수 있다는 매우 큰 장점은 있지만, 불을 피우며 살기엔 썩 좋은 곳이 아니었다. 대개의 동굴 주거지는 출입구 외는 막혀 있고, 천장은 낮고, 무엇보다 창문과 굴뚝이 없다. 동굴 밖으로 연기를 계속 내보내지 않으면 눈물 콧물 쏙 뽑고, 숨 쉬기조차 힘들었을 것이다. 그리고 동굴에 두껍게 쌓인 검댕은 호흡기 내에도 고스란히 쌓였을 것이 분명하다.

문자로 기록이 남겨지기 시작한 역사시대에는 보다 명확한 대기 오염 피해 사례들이 발견된다. 이집트에서 발견된 미라들의 폐 조직을 분석해 보았더니, 생존 당시에 들이마신 공기 상태가 어땠는지 일부 확인 가능했다. 이들 대부분은 탄분증(석탄가루증anthracosis)에 걸린 상태로 호흡 곤란, 기침, 다량의 담액(쓸개즙) 및 배출 곤란, 가슴 통증 등으로 고통 받았을 것으로 추측할 수 있었다.

문명이 탄생하고 도시가 형성되면서 집집마다 실내에서 땔감을 태우게 됐지만, 환기 시설을 제대로 갖추지 않아 인간들은 오염 물질을 장기간 들이마시며 살았다. 이로 인한 호흡기 이상 증세는 당시 문헌에 기록으로 남겨졌다. 로마의 의학 저술가 아울루스 코르넬리우스 켈수스 Aulus Cornelius Celsus의 《의학에 관하여De Medicina》[2], 로마의 정치가이자 학자인 가이우스 플리니우스 세쿤두스Gaius Plinius Secundus[3]의 《박물지 Historia Naturalis》 그리고 터키 중부의 카파도키아Cappadocia에서 물리학

---

2 켈수스는 여러 분야의 방대한 지식을 담은 《대백과사전》을 저술한 것으로 전해지지만 오늘날에는 《대백과사전》의 일부분인 《의학에 관하여》 여덟 권만 남아 있다.

자이자 의사로 활동했던 그리스인 아레테우스Aretaeus의 에세이 《급성 및 만성 질환의 원인과 증상에 대하여De Causiset Signis Morborum Acutorum et Diuturnorum》[4] 등에서 확인할 수 있는데, 다른 질병과 비교해 보아도 특히 호흡기, 폐 질환이 지중해 지역의 고대 문명에 널리 퍼져 있었던 것으로 나타났다.

고대 도시는 언제나 사람으로 북적거리는 곳이었다. 기원전 430년경 아테네 인구는 20만 명이었고, 기원전 150년경 로마 인구는 100만 명에 달했다. 극도로 밀집된 도시의 모든 가정과 공방, 도축장, 대장간, 제련 용광로, 도자기 제작소 등 온갖 작업장에서 나오는 유해한 연기는 하늘을 뿌옇게 메우기 일쑤였다. 심각했던 고대 로마의 대기 오염을 짐작할 수 있는 흔적도 곳곳에 남아 있다.

아우구스투스 황제의 총애를 받았던 로마 시인 호라티우스Horatius는 그의 시 〈송가Odes〉와 〈세기의 찬가Carmen Saeculare〉에서 하루도 빠짐없이 나무 땔감을 태워 발생한 엄청난 검댕 때문에 사원, 신전, 주요 건축물과 조각물, 신성한 동상 들이 썩고 부식되는 피해를 언급했다.

또 5대 황제 네로Nero의 스승이기도 했던 로마 최고의 철학자이자 정치가인 루키우스 안나이우스 세네카Lucius Annaeus Seneca가 남긴 편지에도 로마의 대기 오염은 빠지지 않았다. 그는 친구인 루킬리우스 Lucilius(시칠리아의 총독)에게 124통의 편지를 보냈는데, 그중 기원후 61년

---

3 플리니우스는 종종 대 플리니우스Pliny the Elder라고도 불리는데, 이는 동명이인인 조카 소 플리니우스Pliny the Younger와 구분하기 위해 후세 사람들이 붙인 것이다. 대 플리니우스는 역사, 문법, 수사법, 자연사에 관해 37권 75책으로 된 《박물지Historia Naturalis》라는 일종의 백과사전을 저술했다.

4 11장에 역사상 최초로 천식Asthma의 임상 설명을 기록해놓은 것으로 유명하다.

에 보낸 104번째 편지 〈건강 관리와 마음의 평화에 대해On care of health and peace of mind〉의 일부에서 다음과 같이 로마의 대기 오염으로 손상된 본인의 건강에 대해 토로했다.

> 그래, (병을 치료하기 위해) 처방 삼아 떠난 이 여행의 결과가 자네는 궁금하겠지? 질식할 것 같은 도시의 공기에서, 수증기와 그을음을 내뿜으면서 끔찍해진 엉망진창 연기 투성이 주방을 사용할 때마다 나던 그 지독한 악취에서 탈출하자마자 내 건강이 좋아지고 있다는 것을 단번에 알아챘다네. 내 포도밭에 다다랐을 땐 내가 얼마나 더 건강해졌을 것이라고 생각되는가!

로마의 문학 작품과 편지뿐 아니라 법전에서도 당시 공기의 오염 수준을 짐작할 수 있다. 동로마제국의 황제 유스티니아누스 1세Iustinianus I는 533년부터 사망할 때까지 로마의 모든 칙령을 집대성하여 《로마법대전》[5]을 편찬하였다. 《로마법대전》은 완성된 시기가 다른 세 가지 또는 네 가지 법령이 통합된 것으로, 처음에는 라틴어로 '코르푸스 유리스 시빌

---

5 17세기 로마가톨릭 교도를 구속하는 가장 중요한 교회법의 집대성인 《교회법대전》이 완성되자 이를 본떠 《시민법대전》을 《로마법대전》으로 명칭을 변경하였다. 《로마법대전》의 또 다른 명칭은 편찬을 명한 유스티니아누스 1세의 이름을 반영해 《유스티니아누스 법전Justinian's Code》이라 불리기도 한다. 다만 'code'는 법전의 일부이며 실제 법전은 크게 세 부분으로 이루어져 있다. 첫째, 529년에 옛 칙령 중 일부를 선택해 12권으로 완성한 법전Code(Codex). 둘째, 533년 반포한 《학설개요Digest》는 위대한 여러 학자의 학설을 수집하였다. 셋째, 535년 반포한 《법학통론Institutes》. 그리고 넷째, 534년 158가지 칙령을 모은 《신칙법Novellae》은 유스티니아누스의 업적이 아니라 후대에 법학자들이 완성한 것이다. 이 네 가지 모두를 통합한 것을 《로마법대전》이라고 한다.

리스Corpus Iuris Civilis' 즉 《시민법대전》이라고 불렀다. 535년에 반포된 두 번째 법령 《법학제요Institutiones》는 법학도들을 위해 2~3세기 전에 출판된 법학 관련 저작물들을 요약한 일종의 교과서다. 이 책의 제11권에서 깨끗한 공기를 호흡할 수 있는 권리를 태어날 때부터 가지게 되는 '생득권birthright' 같은 개념으로 해석하고 최초로 법으로 명시해놓기도 했다.

지독했던 고대의 대기 오염은 자연에도 고스란히 기록되었다. 극지방의 빙하는 지구의 기후가 변함에 따라 확대와 축소를 반복하면서 나무의 나이테와 같은 층을 만든다. 빙하를 긴 원통 모양으로 깊게 뚫어서 뽑아낸 얼음 막대기를 빙핵ice core이라고 하는데, 깊이에 따라 각각의 얼음 층에 갇힌 공기, 꽃가루, 화학물질, 먼지, 중금속 등을 분석하면 과거 수천만 년 전의 기후 변화를 알아낼 수 있다. 빙핵은 기후 변화뿐 아니라 고대 문명의 여러 비밀을 간직한 타임캡슐이기도 하다. 아이슬란드 Iceland와 알래스카Alaska 등 극지방에서 추출한 빙핵 속에는 고대 로마에서 불어온 바람이 그대로 보관되어 있었다.

고대 로마에서는 나무 땔감만 많이 태운 것이 아니었다. 문명이 발달했던 만큼 금속을 다룬 시기도 앞서 있었다. 때문에 산업혁명 이전 가장 치명적인 대기 오염 물질인 미세 중금속 입자를 다량 배출한 문명이기도 했다. 로마 시대에는 주방 기구, 식기, 수도관, 화폐, 지붕 재료, 와인 감미료, 립스틱을 비롯한 화장품 등 일상생활에서 필요한 거의 모든 용품에 납을 사용했다. 이로 인해 매년 수만 톤의 납 광석을 채굴하고, 이를 용광로에 녹여 납을 뽑아내는 제련 과정을 거치면서 그중 약 5퍼센트 정도가 유독성의 미세한 입자 상태로 대기 중에 배출됐다. 기원전 4700년에서 2700년 사이, 인류 전체의 납 사용량은 연평균 160여 톤에 불과한반면, 로마가 황금시대에 생산한 납은 최대 8만 톤에 달했을 정도였다.

미루어 보면, 한 해 대기 중에 뿌려진 납 미세입자가 무려 4,000톤에 가까웠을 것이란 계산이 나온다.

로마 시대의 또 다른 인기 금속은 구리(Cu)였다. 당시 구리는 생활 도구, 동전 등을 만드는 데도 주로 쓰였지만, 특히 주석(Sn)과 합금하여 청동 무기를 제작하는 데 필수적인 금속이었다. 구리 사용량이 한창 높았던 때에는 연간 1만 5000톤 가량을 소비하기도 했다. 문제는 로마 시대의 야금 기술이 이제 겨우 막 시작된 상태로, 매우 기초적인 단계였다는 데 있었다. 야금이란 광석에서 금속을 추출하고 불순물을 제거해 사용 목적에 맞도록 적합한 형상으로 만드는 기술이다. 고대에 이 기술이 정교했을 턱이 없었다. 한 번의 공정마다 약 15퍼센트에 가까운 구리가 미세한 입자 상태로 공기 중으로 날아가 손실되고 말았다. 그렇게 날아다니던 구리 입자는 고대 로마인들의 폐에 쌓이고, 극지방까지 날아와 빙하에도 쌓였다. 빙핵을 추출해 로마 시대에 배출되어 쌓인 양과 18세기 중엽 산업혁명부터 근대에 이르는 20세기 후반까지 배출되어 쌓인 양을 비교해보았더니, 산업혁명 이후 빙핵에 쌓인 구리 양이 훨씬 적었다. 야금 기술의 발달 덕분에 대기 중으로 배출되는 구리 입자량이 0.25퍼센트로 크게 줄었기 때문이다.

중세 시대에 들어서도 도시의 대기 오염은 여전했다. 《방황하는 자들을 위한 안내서Moreh Nevukhim》로 유명한 유대계 철학자이자 의학자 모세스 마이모니데스Moses Maimonides는 저서 《천식에 관한 논문Treatise on Asthma》에서 주민들이 배출한 쓰레기, 연기, 좁은 거리, 큰 건물들로 도시의 공기가 정체되어 혼탁하고 끈적거려 위험하다고 서술하면서 천식을 다스리기 위해서는 맑은 공기를 가까이 하길 권했다.

로마 시대에는 풍부한 나무 땔감으로 브리타니아Britannia(현재 영국의 그레이트브리튼 섬) 등 일부 정복지를 제외하고는 석탄 사용량이 많지 않았다. 중세 시대부터는 나무 땔감보다 석탄의 사용량이 늘어나게 됐다. 중세 및 근세 시대에는 도시의 석탄 사용량 증가로 대기 오염이 심각한 사회 문제가 되었다. 석탄은 나무 땔감만큼의 중노동이 필요하지도 않고, 보관 장소도 클 필요가 없으며, 무엇보다 화력이 좋고 오래갔다. 대신 이산화황을 포함한 유독성 가스와 검댕을 발생시킨다는 것이 큰 단점이었다. 대기는 극도로 악화되기 시작했다.

특히 영국 지방에서는 다른 곳보다 일찍이 청동기 시대부터 석탄을 이용해왔다. 동북부 해안 지역에서는 맨손으로 석탄을 주울 수 있을 만큼 매장량이 풍부한데다 구하기도 쉬웠기 때문이다. 그런데 영국은 석탄뿐 아니라 안개도 잦은 곳이다. 석탄과 안개라는 최악의 조합으로 생긴 역겨운 스모그는 중세 영국에서 일상다반사였다.

영국의 에드워드 1세Edward I는 역대 어느 왕보다 많은 법령을 제정한 것으로 유명해서 '영국의 유스티니아누스'란 별명이 붙은 왕이다. 당시 석탄 가스로 인한 고통이 얼마나 심각했는지, 에드워드 1세의 어머니 '프로방스의 엘리너Eleanor of Provence'는 영국 중부의 노팅엄Nottingham 궁전을 떠나 시골에서 생활을 했을 정도였다. 영국 국민들의 석탄 사용으로 심각한 스모그가 반복되자 귀족과 성직자 들은 에드워드 1세를 꼬드겨 석탄 연소를 금지하는 법을 제정하게끔 만들었다. 1301년, 석탄 연소 금지법이 시행되었으나 이를 지키는 국민은 없었다.

에드워드 1세는 법을 개정해 1차 적발시 엄청난 벌금을 부과했고, 2차 적발시 석탄 화로를 파괴시키도록 했다. 별다른 효과가 없었다. 에드워드 1세는 성격이 급하고 포악한 인물이었다. 화가 치솟은 그는 다시 법을 개정했다. 이번에는 석탄 연소 금지법을 어길 시 사형이었다. 이를 무시한 한 사람이 본보기로 사형에 처해졌다. 하지만 국민들의 석탄 사용량은 줄어들지 않았다.

영국 국민이 사형이라는 극단적인 형벌에도 석탄을 버리지 못한 건 나무를 땔감으로 사용하는 것보다 몇 배는 저렴했기 때문이다. 인구 증가로 나무 땔감의 수요가 증가하자 울창했던 삼림이 마구잡이 벌목으로 사라지면서 점차 나무 땔감 가격이 치솟아 가난한 이들은 매입할 엄두가 나지 않았던 것이다.

이런 현상은 시간이 흐를수록 심해졌다. 예를 들어, 런던의 인구는 1550년 7만 5000명에서 1600년에는 20만 명으로 단 50년 만에 두 배 이상으로 늘어났다. 1700년에는 57만 5000여 명으로 150년 만에 7.7배나 늘어났다. 이 당시 평균 기대수명을 감안한다면 인구 증가는 가히 폭발적인 수준이었다. 실제로 당시의 기대수명은 40~37.9세에 불과했고, 유아 사망률은 태어난 첫 해에만 12퍼센트 이상으로 매우 높았다. 물론 가장 높아진 건 당연히 나무 땔감의 가격이었다. 1540년부터 1640년 사이 나무 땔감의 가격은 무려 780퍼센트나 폭등했다. 가정과 사업장에서 석탄은 유일한 연료가 될 수밖에 없었다. 1580년 런던의 석탄 사용량은 1만 톤이었으나 1680년에는 36만 톤으로 증가했고, 동시에 지위고하를 막론하고 대기 오염으로 인한 불만이 끊이질 않았다.

당시 런던 대기 오염의 심각성은 작가이자 원예가로 유명한 존 이블린John Evelyn(1620~1706)이 1661년에 국왕 찰스 2세Charles II(1630~1685)와 의회에 올린 상소문《매연 보고서: 런던의 불쾌한 냄새와 연기를 소멸 시킬 수 있는 방안들Fumifugium: or The inconveniencie of the aer and smoak of London dissipated together with some remedies》에 고스란히 드러난다.

이 영화로운 전통의 도시가 악취와 검댕 천지인 연기와 유황 구름으로 휩싸여 있는 것에 나는 의분을 느낍니다. …… 해탄海炭[6] 연기가 그침 없이 런던 상공을 덮어 원래는 훌륭하고 깨끗하였던 공기가 더럽혀졌습니다. 런던 주민이 호흡하는 공기가 검게 오염된 안개로 변하고 말았습니다. 오염된 연기처럼 변한 안개 속의 수증기는 폐를 부식시켜 신체를 어지럽혔습니다. 카타르katarrh(점막의 염증), 폐렴, 감기 등 여러 가지 폐 질환을 일으킵니다. …… 런던의 매연에 대부분의 사람들은 런던 시내에 들어서면 신체에 변화가 생기고, 체액이 악화되어 부패하기 쉽게 되며, 땀이 멎고, 식욕이 없어지며, 감각이 혼미해지고, 점막에 염증이 생겨서 잘 낫지 않게 됩니다. 결국에는 위험한 증세로 번지게 되기도 합니다.

역사상 최초의 대기 오염 정책서인 이블린의 보고서는 런던 대기 오염의 문제 현황과 함께 개선 방안도 제시하고 있다. 그 일환으로 그는 매연을 뿜어내는 모든 공장과 각종 대기 오염원을 런던으로부터 8~10킬로미터 떨어진 변두리로 이전시키는 법률 제정을 의회에 제안하기도 했다. 국왕 찰스 2세는 이블린의 제안을 적극적으로 검토하기를 원했으나, 의회는 이를 철저히 무시했다. 당시 의회는 왕과 치열하게 권력을 다투는 사이이기도 했고, 무엇보다도 이전 대상이 되는 주체들과 이해관계가 복잡하게 얽혀 있었기 때문이다. 당시 의회가 이블린의 《매연 보고서》에 경각심을 갖고 적극적으로 움직였더라면, 291년이 지난 후 런던에 찾아올

---

6 런던에서 소비되는 석탄을 'sea-coal' 우리말로는 해탄이라고 부른다. 이는 스코틀랜드 북부 섬의 해안가에서 채굴해 바닷길을 통해 영국 남부 도시로 수송되었기 때문이다.

사망자 1만 2000여 명 규모의 스모 그 대참사는 피할 수 있었을 것이다.

불, 석탄, 짙은 안개, 고요한 공기에게만 대기 오염의 책임을 돌릴 수는 없다. 대기 오염에는 아랑곳 않고 당장의 편리와 이익만 좇은 우리의 욕심이 제일 큰 원인이기 때문이다. 여기에 눈 따갑고, 목 아프고, 가슴 답답해지는 신체 반응도 용감하게 무시하는 아둔함까지 한몫 크게 거들었다.

과거보다 더 독해진 대기 오염은 이제 국가와 대륙을 넘어 광범위한

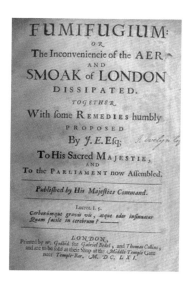

그림 9 《매연 보고서》의 표지

피해를 주고 있다. 안타까운 것은, 오염의 근원이 밝혀지고 다양한 개선 방안이 등장함에도 우리는 여전히 대기 오염에 목석같이 꿈쩍 않고 있다는 것이다.

2장

미세먼지의 정체

PM10, PM2.5, PM0.1

PM과 미세먼지의 미묘한 관계

미세먼지가 일기예보처럼 매일 예보되는 관심사가 된 지 이제 겨우 4년여가 되었다. 이제 '황사'보다는 '미세먼지', '초미세먼지'라고 콕 짚어 말하는 것이 입에도, 귀에도 더 익숙해진 듯하다. 그런데 막상 설명을 하려면 무어라 말해야 할까? 미세먼지란 것이 느낌상 '미세한 먼지'인 것도 알겠고, 초미세먼지는 '일단 그보단 더 미세한 먼지'인 것도 알겠으나, 도대체 얼마나 어떻게 미세하다는 것일까?

  미세먼지와 초미세먼지라는 단어는 2017년 기준으로 아직 국립국어원의 표준국어대사전에 등재되지 않은 단어다. 다만, 국립국어원의 오픈사전인 '우리말샘'에 기록된 간단한 의미는 이러하다.

『미세^먼지』(微細먼지):
지름 10마이크로미터(μm) 이하의, 눈으로 분간하기 어려울 정도로 아주 작은 먼지.

『초미세^먼지』(超微細먼지, ultrafine particles):
지름이 2.5마이크로미터(㎛) 이하인 먼지.

즉 미세먼지와 초미세먼지는 먼지 직경의 차이로 구분되는데, 그 크기
는 각각 10마이크로미터 이하와 2.5마이크로미터 이하를 말하는 것으로,
1밀리미터의 1,000분의 1을 의미하는 마이크로미터 단위를 사용한다.
1마이크로미터라는 크기가 웬만한 상상력으로는 잘 그려지지 않는 것이
사실이다. 0.5밀리미터 샤프심으로 점 하나를 콕 찍어 두고 모든 집중력
을 총동원하여 그 점을 200조각으로 나누었을 때 찰나의 순간 나타났다
사라지는, 마지막 그 한 조각이 바로 2.5마이크로미터다.

이 정도 크기라면 과연 '초超(ultra)'라는 접두사를 붙여도 손색이 없을
듯하지만, 이는 한국에서만 통용되는 표기법이다. 세계 대기환경 학계에
선 2.5마이크로미터 이하의 먼지를 '미세입자'라고 부를 뿐이지, '초'라는
접두사는 붙이지 않기 때문이다. 달리 말하자면, 한국과 국제 사회에서
각각 사용하는 용어가 서로 일치하지 않는다. 한국의 초미세먼지는 외국
에서는 초미세먼지가 아닌 셈이다. 세계 대기환경 학계에서 의미하는 용
어와 국내 용어를 비교하자면 표 1과 같다.

주변국과 비교해보아도 PM2.5 이하인 먼지를 두고 일본에서는 미소
입자상물질微小粒子狀物質로 중국에서는 세과립물細顆粒物로 표현할 뿐이
며, 접두사 '초'는 PM0.1 이하에만 붙인다.

이 같은 한국만의 독자적 행보는 비단 접두사 '초'의 어긋난 사용만이
아니다. '먼지dust'라는 표현을 사용하는 국가도 한국이 유일하다. 먼지의

표 1 국내외 먼지 표기 방법 및 기준 비교

기준	10㎛ 이하~2.5㎛ 초과		2.5㎛ 이하~0.1㎛ 초과		0.1㎛ 이하	
표기	PM10		PM2.5		PM0.1	
비교	원어	번역어	원어	번역어	원어	번역어
한국	미세먼지	Fine Dust (미세먼지)	초미세먼지	Ultra-fine Dust (초미세먼지)	없음	없음
국제	Coarse Particle, Suspended Particle	굵은입자, 부유입자	Fine Particles	미세입자 (미세먼지)	Ultra-fine Particles	초미세입자 (초미세먼지)
일본	浮遊粒子狀物質	부유입자상물질	微小粒子狀物質	미소입자상물질	微小粒子狀物質	초미소립자
중국	可吸入顆粒物	가흡입과립물 (호흡미립자물질)	細顆粒物	세과립물 (미립자물질)	超細顆粒物	초세과립물 (초미립자물질)

국가별 사전적 의미를 살펴보니 다음과 같았다.

　[한국: 먼지]　가늘고 보드라운 티끌.

　[영미: dust]　1. 흙이나 모래의 매우 작은 건조한 입자

　　　　　　　　2. 가구, 바닥 또는 조명 같이 건물 내부에서 발견되는
　　　　　　　　　 아주 작은 먼지 조각

　　　　　　　　3. 금, 목재 또는 석탄과 같은 물질의 매우 작은 입자로
　　　　　　　　　 구성된 미세한 분말

　[일본: ほこり]　분말 같은 미세한 티끌

　[중국: 灰尘]　미세한 분말로 만들어진 토양 또는 기타 물질의 분말

　총체적으로 '먼지'는 '매우 작은 크기의 분말(가루)'을 의미하고 있으며, 한국어 사전의 먼지에는 '보드라운' 촉감도 담겨 있다. 다른 국가에서

PM10 이하의 먼지를 'dust'가 아닌, 'Particulate Matter', 즉 '입자상 물질'이라 명명한 이유가 여기에 있다. 입자상 물질이란, 입자(눈에 거의 보이지 않을 정도의 작은 물체)로 된 모든 물질을 가리키며, 입자상 물질의 여러 종류 중에 연기smoke, 안개fog, 스모그smog, 미스트mist, 먼지dust 등이 존재하기 때문이다. 결론적으로, '먼지dust'는 입자상 물질을 특성 별로 세분화한 것 중 한 종류일 뿐이다. PM10과 PM2.5를 한국처럼 '미세먼지'라고 부른다면, 분말 형태가 아닌 다른 액체, 기체 물질 들은 무시해버린 격이 되는 것이다.

우리나라가 홀로 잘못된 용어를 사용한 지는 이미 20여 년이나 지났다. 환경부가 1993년 환경기준을 제정하면서 PM10에 '미세먼지'라는 보드라운 이름을 붙여준 후, 지금까지 줄곧 사용해오고 있는 것이다. 그렇다면, 1993년 이전의 한국은 현재의 미세먼지를 뭐라고 불렀을까?

1976년 스티브 잡스Steve Jobs가 개인용 컴퓨터 '애플 I'을 출시한 그해에 삼성전자가 해당 년도 제1호 신제품으로 내놓은 상품은 다름 아닌 공기청정기였다. 국내 최초의 공기청정기였던 이 상품을 소개하는 신문 기사에서 '미세먼지'라는 명칭을 발견할 수 있다.

"삼성전자, 먼지·세균 등 제거 공기청정기 생산"
실내 오염공기를 정화시키고 먼지와 세균, 악취 등을 제거할 수 있는 공기청정기인 에어클리너가 삼성전자에 의해 개발, 시판에 나섰다.
국내에서 처음으로 개발된 이 청정기는 큰 공기부유물을 흡수하는 필터장치에서부터 이온화부집진부, 유해가스를 제거하는 탈취필터, 음이온발생부 등으로 이어진 강력한 집진력을 통해 10만 분의 1mm의 미세한 먼지와 세균까지 흡수할 수 있어 일반 사무실, 병원, 접객 업소는 물

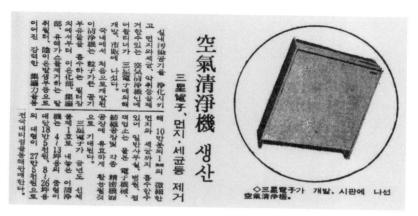

그림 10 "10만 분의 1밀리미터의 '미세한 먼지'를 흡수"한다고 소개된 최초의 국산 공기청정기를 소개하는 신문 기사. 《매일경제》, 1976년 01월 14일

론, 전자기계, 방직공장 및 각종 정밀기기 공장에 유효하게 활용될 것으로 기대된다.

삼성전자가 금년도 신제품 제1호로 내놓은 이 청정기는 4~13평용의 중형이 대당 18만 5천원 8~26평용의 대형이 27만 5천원으로 전국 대리점을 통해 판매한다.

《매일경제》, 1976년 1월 14일

당시 신문 기사에서는 국내에 처음 출시된 공기청정기가 "PM0.1에 해당하는 10만 분의 1밀리미터의 '미세한 먼지'를 흡수한다."고 설명했다. 미세한 먼지, 즉 미세먼지라는 단어가 1993년 환경 기준 제정시 허공에서 갑자기 뚝 떨어진 것이 아님을 유추할 수 있다.

과거의 또 다른 미세먼지 관련 용품에서는 미세먼지를 무엇이라고 지칭했을까? 1982년에 신문을 장식했던 한 마스크 광고에서도 관련 문구가 발견된다.

"마스크는 이제부터 논-디 마스크로!!"
신제품 / 용도: 방진, 방한용 / 미세한 먼지로부터 자신의 건강을 보호
합시다!! / ※판매처 · 전국약국, 슈퍼, 연쇄점, 등 / 칼라 마스크 등장 /
NON-D. MASK 전문 메이커 삼원실업 /
　특징 • 가볍고 장시간 착용할 수 있습니다.
　　　• 착용시 언어 전달이 잘됩니다.
　　　• 안경 착용시 성애가 끼지 않습니다.
　　　• 마스크가 젖어도 사용에 지장이 없습니다.
　　　• 접어두었다가 사용하여도 원형이 유지됩니다.
　　　• 여성의 입술루즈가 마스크에 묻지 않습니다.
《경향신문》, 1982년 5월 6일 광고(전단광고)

　1982년에 절찬리 판매되었을 '착용시 언어 전달이 잘 되는' 마스크 광
고에서는 비록 PM의 크기는 명시되지 않았지만 여기서 또한 '미세한 먼
지'란 단어가 사용된 것을 확인할 수 있다.
　신문은 시대상을 반영한다. 1993년 환경부가 환경 기준 제정을 계기로
PM10의 이름을 '미세먼지'라 불러주기 전에는 미세먼지는 다만 하나의
대중적인 표현에 불과하지 않았다. 환경부가 PM10의 이름을 고집스레
'미세먼지'로 불러주었을 때, 그 이름은 결국 우리 국민에게로 와서 하나
의 큰 헷갈림이 되었다.[7]
　2017년 3월 21일, 환경부가 드디어 명칭 변경 시도에 나섰다. PM10
은 '미세먼지'에서 '부유먼지'로 PM2.5는 '초미세먼지'에서 '미세먼지'로

각각 변경하기로 했다. 부유먼지(PM10)와 미세먼지(PM2.5)를 함께 아우르는 용어는 '흡입성 먼지'로 정하고, '대기환경 보전법' 등 관련 법을 개정할 계획이라고 밝혔다. 그러나 여전히 국제 사회에서는 통용되지 않는 아리송한 표현들이다. 게다가 국내에서는 이미 PM10을 미세먼지로, PM2.5을 초미세먼지로 인식하고 대중적으로 사용한 지 오래인지라 이를 변경하기에도 늦은 감이 있다. 논란이 잇따라 제기되자 환경부는 뽑았던 펜을 슬그머니 다시 집어넣었다. 더 많은 의견을 물어보고 결정하겠다는 입장이다. 안타깝게도 '미세먼지' 명칭 논란은 앞으로 더 지켜봐야 할 것으로 보인다.

환경부의 결정이 보류됨에 따라, 이 책에서도 논란의 여지가 많은 미세먼지란 단어 사용은 배제하고 PM10, PM2.5, PM0.1로 표기하였다. 또 모든 크기를 아우르는 일반적인 미세먼지(입자상 물질)을 의미할 때에는 PM이라고만 표기하였다.

다양한 대기 오염 물질

공기와 대기는 서로 같은 의미다. 그런데, '공기청정기'는 있어도 '대기청정기'는 없다. 반면, '대기질 예보'는 있어도 '공기질 예보'는 없다. 왜일까? 둘 다 에어air인 것은 맞지만, 국내에서는 대체로 실내에 있으면 '공기', 실외에 있으면 '대기'라고 구분하여 말하는 편이다. 그래서, 대기

---

7 내가 그의 이름을 불러 주기 전에는 그는 다만 하나의 몸짓에 지나지 않았다. 내가 그의 이름을 불러 주었을 때 그는 나에게로 와서 꽃이 되었다. 김춘수의 시 〈꽃〉 일부 중

atmosphere란 지구 중력에 의해 지구 표면을 둘러싸고 있는 기체(공기)를 통틀어 의미하게 된다. 대기 중 99퍼센트는 질소(N)와 산소(O)가 각각 78퍼센트와 21퍼센트씩 차지하고 있다. 이밖에도 아르곤(Ar) 0.934퍼센트, 네온(Ne) 0.0018퍼센트와 미량의 헬륨(He), 메테인(CH_4), 크립톤(Kr), 수소(H), 산화질소(NO), 크세논(Xe, 제논), 오존(O_3) 등이 대기를 구성하고 있다. 수증기를 제외한 공기 성분은 지상으로부터 약 70~80킬로미터까지 분포하고 있다. 대기의 역할 중 가장 중요한 것은 모든 동식물이 매 순간 호흡하는 데 필요한 산소를 제공한다는 점이다. 대기가 오염되었을 때, 즉 5초마다 한 번씩 들이마셔야 하는 숨이 오염되었을 때, 그 피해는 광범위할 수밖에 없다.

투명한 바람을 혼탁한 스모그로 만드는 대기 오염 물질은 크게 가스상 오염 물질과 입자상 오염 물질 두 가지로 나뉜다. 가스상 오염 물질은 증기 같은 기체 물질로 연소, 합성, 분해 등에 의해 발생한다. 대표적인 가스상 오염 물질은 이산화황이다. 물에 녹으면 기체 상태인 '아황산'이 발생해 '아황산가스'라고도 불리며 화합물Compound이기도 하다. 화합물은 둘 또는 그 이상의 서로 다른 물질이 일정한 비율로 결합해 만들어진, 독자적인 성질의 새로운 물질을 말한다. 수소와 산소를 2대 1 비율로 결합했을 때 화합물로서 새로운 물질인 물(H_2O)이 만들어지는 것과 같다. 화합물인 아황산가스도 이런 방식으로 석탄과 석유에 포함되어 있는 황이 연소되면서 산소와 결합해 발생한다. 흡입시 점막을 자극해서 콧물, 기침 등이 나고, 목구멍과 가슴이 아프며, 호흡이 곤란해진다. 기관지염, 폐수종(폐 조직에 물이 차는 현상), 폐렴 등을 유발하기도 한다. 런던의 살인 스모그 같은 다수의 심각한 대기 오염 사례에서 아황산가스가 주로 극악무도한 역할을 맡았다.

또 다른 대표적인 가스상 오염 물질은 질소산화물(NO$_x$)이다. 여기엔 일산화질소(NO), 이산화질소(NO$_2$), 일산화이질소(N$_2$O), 삼산화이질소(N$_2$O$_3$), 사산화이질소(N$_2$O$_4$), 오산화이질소(N$_2$O$_5$)가 포함되어 있는데, 한 놈 두시기 석삼 너구리의 오합지졸 같은 이름 구성에서 알 수 있듯이 질소와 산소가 결합하여 발생한 화합물이다. 이 다섯 중 일산화질소와 이산화질소가 가장 악질인데, 특히 이산화질소는 인체에 매우 유해해서 기관지염 등의 호흡기 질환을 일으키기도 한다. 질소산화물은 항공기, 선박, 발전소, 산업용 보일러, 소각로, 전기로 등에서 배출되나, 뭐니 뭐니 해도 여기저기 흔하디 흔한 자동차의 배기가스가 차지하는 비율이 압도적으로 높다.

기체(가스) 형태가 아닌 나머지 오염 물질은 입자상 오염 물질로 분류된다. 입자상 오염 물질이란 대기 중에 떠다니거나 흩어져 날아다니는 고체 또는 액체 상태의 아주 미세한 물체, 즉 입자Particle 형태로 된 오염 물질이다. 가스상 오염 물질인 질소산화물과 마찬가지로 주로 자동차에서 배출되는 것이 많으며, 공장의 기계 작동이나 각종 파쇄 작업, 화력발전소, 쓰레기 소각, 제품의 이송 등의 과정에서도 상당량 발생한다.

입자상 오염 물질의 대표 주자는 먼지dust다. 먼지는 크기가 큰 고체 입자로, 공사장, 창틀, 가구 뒤는 물론 두꺼운 책 위, 운동기구 근처 등 어디에서나 쉽게 볼 수 있다. 그 외 미세한 액체 입자인 미스트, 그을음을 수반한 연기 성분인 매연smoke 그리고 탄소(C)를 포함한 물질이 불완전 연소할 때 발생하는 검은 가루 형태의 검댕soot, 도금 과정 등에서 납 등의 금속이 가열되어 액체로 변해 증발하면서 한데 엉겨 굳어질 때 생기는 미세한 고체 입자인 금속 훈연Fume 등이 있다.

입자상 오염 물질은 일반적으로 말하는 '미세먼지' 또는 'PM(Particulate

표 2 대기 오염 물질의 분류

대기 오염 물질 분류	
가스상 오염 물질 (기체형) – 일산화탄소(CO) – 이산화탄소(CO_2) – 아황산가스(SO_2) – 오존(O_3) – 포름알데하이드 (CH_2O) – 휘발성 유기화합물(VOVs) – 라돈(Rn)	**입자상 오염 물질 (고체·액체형)** – PM10–PM2.5 　(먼지, 미스트, 매연, 검댕, 흄 등) – 중금속 – 석면 – 미생물성 오염 물질 – 복합성 오염 물질

Matter)'과도 동일한 의미이지만, 더 정확한 단일 명칭은 '대기 에어로졸 Atmospheric aerosol'이다. 에어로졸이란 단어 자체가 대기 중에 떠다니는 고체 또는 액체 상태의 작은 입자를 말한다.

　이산화황이나 이산화질소 등의 가스상 오염 물질이 단일 종류의 물질로 구성되어 있는 반면, 입자상 오염 물질은 갖가지 물질들이 난잡하게 뒤엉켜 있다. PM을 주사전자현미경Scanning Electron Microscope(SEM)으로 확대해 보면 발암 물질인 카드뮴, 철, 납 등 중금속, 질산염(NO_3^-), 황산염(SO_4^{2-}), 검댕 등 온갖 유해 물질이 조밀하게 들러붙어 있다.

　심지어 세균 등의 미생물까지 포함되어 있는 경우도 발견된다. 2013년 1월 중국 연구진이 세제곱미터당 500마이크로그램 농도로 베이징北京을 뒤덮은 PM2.5를 7일간 14개의 공기 시료로 나눠 채집하고 분석한 결과 1,300여 개의 각기 다른 미생물이 발견되었다. 이 중에는 알레르기를 유발하는 곰팡이인 아스페르길루스 푸미가투스Aspergillus fumigatus와 폐렴을 일으키는 폐렴연쇄상구균Streptococcus pneumoniae도 있었다.

　2016년 11월에는 스웨덴 예테보리대학교University of Gothenburg 연구

진이 중국 베이징의 PM을 분석해 강력한 항생제도 바보로 만드는 내성을 가진 슈퍼 박테리아(항생제 내성균) 유전자를 발견했다. 특히 인간에게 가장 중요한 항생제 중 하나인 '카바페넴Carbapenem'에 내성을 가진 슈퍼박테리아 유전자도 포함되어 있었는데, 이는 보통 심각한 문제가 아니다. PM에 섞여 채집될 정도라면, 슈퍼 박테리아는 더 이상 공기 중에 드물게 존재하는 세균이 아니라는 것이고, 공기를 통한 전파 가능성이 더 높아질 수 있다는 의미로 해석할 수 있기 때문이다.

PM은 국경 없는 오염 물질이다. 중국에서 발원한 박테리아가 PM에 섞여 한국인의 호흡기로 들어올 가능성도 없지 않다. 2017년 7월 17일, 《네이처》의 자매지인 《사이언티픽 리포츠Scientific Reports》에 발표된 논문 〈중국, 한국, 일본 동아시아 3개국의 부유 세균 군집Airborne Bacterial Communities in Three East Asian Cities of China, South Korea, and Japan〉에서 서울, 베이징, 나가사키에서 1년 동안 채집한 PM2.5를 분석한 결과, 한국과 중국의 PM2.5에 들어 있는 박테리아 중 83퍼센트가 일치하는 것으로 나타났기 때문이다. 세 나라의 미세먼지 속 세균은 계절적으로 겨울과 봄에 유사성이 가장 높았는데, 연구팀은 겨울과 봄에 시베리아 지역에서부터 중국, 한국, 일본을 거쳐 가는 북서풍 때문인 것으로 추정했다. 기상학적 관점에서 중국 PM 속의 박테리아가 국경을 너머 이동할 수 있는 가능성이 확인된 것이다. 독성 중금속과 화학물질과 산화물에도 부족해 살아 있는 박테리아까지 모두 담은 종합 오염제가 바로 PM이다.

상상 이상의 작고 위험한 크기

작은 고추가 더 맵듯이, PM도 작을수록 훨씬 더 위험하다. 입자상 오염 물질인 PM은 성분뿐 아니라 입자의 크기에 따라서도 유해성이 크게 달라진다. 크기가 작을수록 체내 깊숙한 곳—폐포, 심장, 뇌 등—까지 오염 시키기 때문이다. 따라서 형태가 액체든 고체든 일단 크기만으로 세 그룹으로 분류하여 관리하는데, 이 분류법으로 만들어진 용어가 PM10, PM2.5, PM0.1이다.

몸으로 눈으로 직접 확인 가능한 단위인 킬로미터, 미터, 센티미터, 밀리미터까지는 익숙하다. 하지만 그 아래 단위부터는 눈으로 보기는커녕 크기를 상상하기도 힘들어진다. 길이 단위는 킬로미터, 미터, 센티미터, 밀리미터, 마이크로미터 순서로 사용하는데, PM의 크기를 표기할 때 사용되는 단위는 밀리미터보다 1,000배 작은 마이크로미터[8]다. PM10의 직경은 사람 머리카락의 평균 지름인 50~70마이크로미터의 약 5분의 1에서 7분의 1 크기에 지나지 않으며, PM2.5는 약 20분의 1에서 30분의 1이다.

인체에 침투 가능한 입자의 최대 크기는 100마이크로미터다. 그렇지만 70마이크로미터, 즉 굵은 머리카락 단면 정도 크기의 먼지는 발생 즉시 가라앉기 때문에 인간에게 큰 피해를 주지 않는다.

이런 부분을 고려해서 1971년 4월 30일, 미국 환경보호국(EPA)은 먼지에 대한 환경 기준 항목에 처음으로 입자상 오염 물질에 총 부유입자Total Suspended Particle(TSP)라는 지표를 도입하고, 크기 25~45마이크로미터의

---

8 과거에는 미크론(μ)이라고 했으나 1967년 국제도량형위원회에서 폐지하였다. 우리나라는 1982년 4월부터 법정계량단위에서 미크론을 삭제하고 마이크로미터만 사용한다.

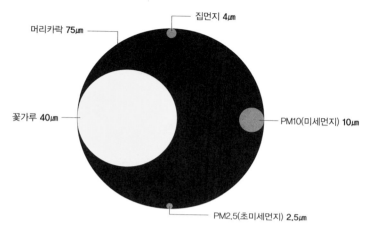

머리카락 **75㎛**

집먼지 **4㎛**

꽃가루 **40㎛**

PM10(미세먼지) **10㎛**

PM2.5(초미세먼지) **2.5㎛**

그림 11 **PM10과 PM2.5의 크기 비교**(1㎛=100만 분의 1미터)

먼지를 국가대기환경기준National Ambient Air Quality Standards(NAAQS)으로 삼기 시작했다. 1987년 7월 1일, 국가대기환경기준을 개정하면서 기존의 총 부유입자를 흡입시 기관지를 포함해 흉부 및 폐포 영역까지 침투하는 크기인 PM10으로 변경했다. 1997년 7월 18일, 환경보호국은 10년 만에 대기환경기준을 개정하면서 PM2.5를 새로운 지표로 추가했다. PM2.5가 악성 천식, 기침과 호흡 장애와 같은 호흡기 질환, 만성 기관지염, 폐 기능 손상, 심장과 폐 관련 질환자의 조기 사망 등 인체 위해성이 높다는 사실이 속속 밝혀졌기 때문이었다.

국내에서도 선진국의 대기환경정책을 참고해 1983년에 총 부유입자에 대한 대기환경기준이 제정되었다. 1993년에는 10마이크로미터 이하의 PM10에 관한 기준이 추가되었고, 총 부유입자는 2001년에 대기환경기준 대상에서 제외되었으며, 2011년부터는 2.5마이크로미터 이하의 초미세먼지(PM2.5)가 추가되었다. 따라서 현재 PM에 대한 국내 대기환경기

표 3 대기 중 입자의 크기 범위

입자 유형	최소 사이즈(μm)	최대 사이즈(μm)
인체에 침투 가능한 입자	< 100	100
폐 깊숙이 도달할 수 있는 입자	< 10	10
점토	0.02	2
실트(Silt): 모래보다는 미세하고 점토보다는 거친 퇴적물	2	20
고운 모래	20	200
굵은 모래	200	2,000
자갈	2,000	> 2,000
스모그	0.001	2
구름/안개	2	70
미스트(Mist): 기체 속에 함유되는 액체 미립자 (이보다 작은 것은 안개)	70	200
이슬비(露雨)	200	500
비(Rain)	500	10,000
식물 포자	10	30
꽃가루	10	100
바이러스	0.003	0.05
박테리아	0.3	5
사람 머리카락	30	120
눈으로 확인 가능한 입자	50	> 50
가스 분자	0.0003	0.005
담배 연기	0.0003	0.005
제분 밀가루	1	80
분무기(nebulizer)로 생성된 미세방울	1	20
연소핵(燃燒核): 화석 연료의 연소에 의해 발생하는 황산화물 (이산화황, 황산 미스트 등)	0.001	0.1
금속 훈연	0.001	1
초미세입자들	< 0.1	0.1

표 4 PM에 대한 국내 환경 기준 변화(단위: μg/㎥)

항목	기간	1983	1991	1993	2001	2007	2011
총 먼지(TSP)	1년	150	150	150	–	–	–
	24시간	300	300	300	–	–	–
PM10	1년	–	–	80	70	50	50
	24시간	–	–	150	150	100	100
PM2.5	1년	–	–	–	–	–	25
	24시간	–	–	–	–	–	50

준은 PM10과 PM2.5만 적용하고 있다.

PM10과 PM2.5의 생성 과정

애써 마련한 대기환경기준을 의미 있게 하려면 무엇보다도 먼저 PM10
과 PM2.5의 발생 경로를 파악해서 유발 요인을 원천적으로 줄여야 한다.
이 작은 입자들은 어떻게 생겨났는가에 따라 1차(생성) 먼지primary particles,
2차(생성) 먼지secondary particles, 그리고 비산먼지로 세분화된다.

산업화의 찌꺼기: 1차 먼지

1차 먼지는 제철소나 석유화학공장, 석탄 화력발전소, 자동차 등에서 연
소 과정을 거쳐 굴뚝이나 배기구에서 입자 상태로 배출되는 오염 물질을
말한다. 2차 먼지는 대기 중에서 형성formation된 오염 물질로, 배출될 당
시만 해도 가스 상태(가스상 오염 물질)였으나 대기 중의 다른 물질과 화학

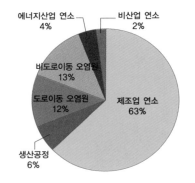

2012년 PM10 배출 비율(총 119,980톤)

에너지산업 연소
4%

비산업 연소
2%

비도로이동 오염원
13%

도로이동 오염원
12%

제조업 연소
63%

생산공정
6%

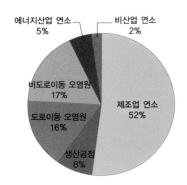

2012년 PM2.5 배출 비율(총 76,287톤)

에너지산업 연소
5%

비산업 연소
2%

비도로이동 오염원
17%

도로이동 오염원
16%

제조업 연소
52%

생산공정
8%

그림 12 **전국 PM10 및 PM2.5 배출 비율(날림먼지 제외)**

반응을 일으켜 입자 형태로 탈바꿈한, 일종의 변태를 거친 오염 물질이다. 비산먼지는 배출된 것도, 형성된 것도 아닌, 시멘트 공장, 철강소, 폐차장 등의 야적장이나 도로나 공사장 또는 포장되지 않은 토지 등에서 대기 중으로 날려서 발생하는 날림먼지를 말한다.

환경부가 2016년 4월에 발간한 자료에 따르면, 2012년 전국 PM 배출량 중에서 PM10은 약 12만 톤, PM2.5는 약 7만 6000톤으로, 그중 PM을 가장 많이 배출한 주범은 제조업의 연소 공정이었다.

그림 12의 통계는 날림먼지의 배출량이 제외된 값이다. 근본 없는 자식이라고 비산먼지를 무시해선 안 된다. 힘차게 뿜어주는 배출구도 없이 그저 폴폴 날아다니는 자식 치고는 배출량이 상당하기 때문이다. 2012년 전국의 날림먼지 배출량은 PM10이 11만 5121톤, PM2.5이 1만 8168톤에 달하는 것으로 나타났다. 1차 먼지인 PM10과 거의 같은 양의 PM10이 비산먼지로 발생한 것을 알 수 있다.

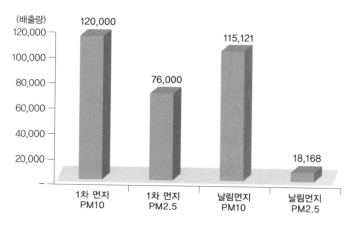

그림 13 **2012년 국내 1차 먼지와 날림먼지의 배출량 비교**(단위: 톤)

인간과 자연의 합작품: 2차 먼지

2차 먼지는 과거에는 그다지 주목 받지 못했으나, 최근 들어 관심이 급 부상했다. 예상과 달리, 먼지 발생량이 1차 먼지만큼이나 많다고 밝혀지 고 있기 때문이고, 그 크기 또한 매우 작아서다. 2차 먼지 형성에 필요한 재료가 되는 대표적 가스상 오염 물질, 즉 전구물질precursor로는 이산화 황, 질소산화물, 휘발성 유기화합물(VOCs), 암모니아(NH_3) 등이 있다. 이 들 가스상 오염 물질은 대기 중의 수증기, 오존, 암모니아 등과 화학반응 을 일으켜 입자를 생성한다.

예를 들어, 연소 과정 등에서 배출된 질소산화물(NO, NO_2)이 공기 중 의 오존에 반응해서 산성 물질인 질산(HNO_3)이 생성됐는데, 또다시 공 기 중의 알칼리성 물질인 암모니아에 반응해서 결국 초미세입자 형태인 질산암모늄(NH_4NO_3)이 만들어진다.

또 다른 예로는 연소 과정 등에서 배출된 아황산가스가 공기 중의 수

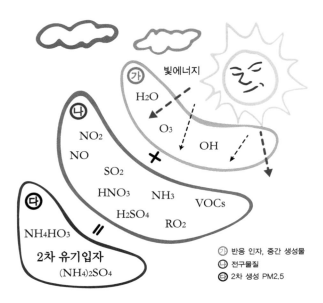

그림 14 2차 먼지의 생성 과정

증기 등과 반응해서 산성 물질인 황산이 생성됐는데, 또다시 공기 중의
알칼리성 물질인 암모니아 등에 반응해서 결국 초미세입자 형태인 '황산
암모늄($(HN_4)_2SO_4$)'이 만들어진다.

PM2.5의 매우 심각한 유해성이 속속 드러남에 따라 그 발생 원인을 매
섭게 추적했더니, 미국은 전체 PM2.5 발생량의 20~60퍼센트가, EU는
전체 PM2.5 발생량의 40퍼센트 이상이 화학 반응으로 발생한 2차 먼지
인 것으로 나타났다. 우리나라도 미국과 유사했다. 환경부가 2016년 4월
에 발표한 자료에 따르면, 서울과 경기 지역에서만 전체 PM2.5 발생량
의 약 3분의 2를 2차 먼지가 차지하는 것으로 나타났다.

최근 연구에 따라 밝혀진 더 우려스러운 사실은, 국내 PM2.5 중에서

2차 먼지가 차지하는 비율이 당초 알려진 3분의 2보다 더 높다는 것이다. 비록 단기간이긴 하지만 2016년 5월 2일부터 6월 12일까지 40일간, 환경부와 미국 항공우주국(NASA) 연구팀의 '한미 협력 국내 대기질 공동조사(KORUS-AQ)'가 진행되었다. 2017년 7월 19일 발표된 공동 조사 예비 보고서 결과에 따르면, 관측된 PM2.5 중 배출원에서 직접 나온 1차 먼지는 25퍼센트에 불과했다. 반면, 기체 상태로 배출된 질소산화물, 황산화물(SOx), 휘발성 유기화합물이 광화학 반응을 거쳐 만들어진 2차 먼지는 무려 4분의 3에 달하는 75퍼센트를 차지한 것으로 나타났다. 2차 먼지의 발생량 비율이 더 높다는 것은 기존에 알려져 있었지만 한미 협력으로 이루어진 조사에서 공식적으로 밝혀진 것은 이번이 처음이었다.

과거에는 대기 오염 측정 기술과 연구 방법의 한계로 미처 알아낼 수 없었던 많은 것들이 새로이 밝혀지고 있다. 최근 대기 오염 연구에 박차를 가하게 된 데에는 발전된 기술, 방대해진 정보, 놀라워진 측정 방법 등 여러 가지 요인이 있을 것이다. 무엇보다도, 대기 오염 물질의 의학적 유해성과 위험성을 알게 된 이상, 팔짱 낀 채 조용히 마스크만 쓰고 있을 수 없다는 불안감과 책임감이 가장 큰 몫을 하는 것이 아닐까? 지금 이대로라면, 자식 세대로부터 '참 몹쓸 이기적인 것들'이란 소리 듣게 되는 건 그저 시간문제일 뿐이니 말이다.

PM을 측정하는 두 가지 방법

비싸지만 정밀한 베타선 흡수법

눈에 보이지도 않는 PM을 어떻게 원하는 것만 골라 모으고(포집) 측정하는 것일까? 측정법에는 여러 종류가 있는데, 국내 공공기관에서는 공기질 공정시험기준에 따라 '중량법Gravimetric method(일정 시간 물질을 채집해 무게를 달아서 농도를 파악하는 방식)'과 '베타선 흡수법'으로 PM을 측정하고 있다. 이 중 가장 대표적인 방법은 방사선인 베타선을 이용한 '베타선 흡수법β-Ray Absorption Method'이다.

먼저, 베타선 흡수법을 적용한 측정 장치의 구성을 살펴보자(그림 15). 생긴 것은 마치 파이프 담배를 물고 페도라 모자를 쓴 1세대 로봇 인간 혹은 네댓 살 어린아이가 그린 사람(?) 같아 보이는데, 모자같이 생긴 부분이 공기를 빨아들이는 '공기 흡입부'이다. 이곳을 통해 미리 설정된 일정한 양과 시간만큼 공기가 기계 안으로 들어오게 되면, 흡입된 공기 속의 오염 물질이 분립 장치로 들어간다. 이 장치는 오염 입자 물질이 노즐을 통과할 때 속도를 빠르게 만들어 충돌판에 강하게 충돌시킨다. 이 과정에서 지름이 10마이크로미터 또는 2.5마이크로미터보다 큰 입자는 파이프 담배처럼 생긴 통에 따로 모이고, 그보다 작은 입자만 아래로 떨어져 기계 몸통 안에 미리 준비된 테이프 여과지에 쌓인다. 긴 테이프 형태로 생긴 여과지는, 일정 시간 동안 PM10 또는 PM2.5를 모으기 시작한다. 여과지에 모인 PM에 베타선을 투과시켜 PM의 중량 농도를 연속적으로 측정한 후, 자동이송구동장치를 통해 밖으로 배출된다.

굳이 위험한 방사선인 베타선을 쏘는 이유는, 베타선이 가진 특성을 활용하기 위해서다. 베타선은 투과력이 알파선과 엑스선의 중간 정도다. 알파선은 투과력이 약해서 종이도 뚫지 못한다. 엑스선은 투과력이 상대적으로 강해서 알루미늄 정도야 투과해버리지만 납은 뚫고 지나가지 못한다. 때문에 가벼운 알루미늄으로 만든 기계 장치 안에서 여과지(종이) 위에 PM을 쌓아놓고 베타선을 쏘면, 베타선이 여과지 위를 통과해 PM

A. 베타선 흡수 측정기

B. 베타선 흡수 측정기 구조도

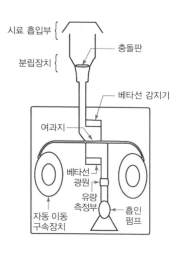

시료 흡입부
분립장치
충돌판
베타선 감지기
여과지
베타선 광원
유량 측정부
자동 이동 구속장치
흡인 펌프

그림 15 **베타선 흡수 측정기 사진 및 구조도**

을 투과할 수 있고, 방사선이 새어 나가는 일도 막을 수 있다.

베타선이 PM을 뚫고 지나갈 때, 베타선의 일부는 PM에 흡수되거나 소멸된다. 베타선은 어떤 물질을 통과할 때, 그 물질의 질량이 클수록 자신의 세기는 그에 반비례하여 줄어드는 예민한 성질을 가졌기 때문이다. 따라서 여과지에 모인 PM의 질량이 클수록, 감지기까지 도달하는 베타선의 세기는 그만큼 줄어든다.

감지기는 여과지와 PM을 둘 다 힘들여 통과한 베타선과 여과지 하나만 가뿐히 통과한 베타선의 세기를 서로 비교해서 이 값을 연산장치에 보낸다. 연산장치는 이를 수치로 환산한 다음, PM이 흡수한 베타선의 양을 고려해 여과지 위의 PM 질량을 구한다. 이렇게 얻어진 PM 질량은 유량 측정부를 통해 맨 처음 공기를 흡입했던 당시의 공기량을 감안해서 최종적으로 대기 중의 PM 농도를 나타낸다.

싸지만 부정확한 광산란법

베타선 흡수 측정기는 일단 실시간 측정이 되지 않고, 덩치도 크고 가격이 비싸다. 한마디로, 가정집에 사 두고 쓰기는 힘들다. 다행히도 굳이 위험한 방사선이 아닌, 일반적인 레이저 광선으로도 PM 농도를 측정할 수 있다. 광산란법Light Scattering Method이라고 불리는 이 방법은 인기리에 판매되고 있는 대부분의 가정용 실내 공기질 측정기(홈케어)와 간이 PM 측정기에 적용되고 있다. 요즘엔 공기청정기 자체에 PM 측정기가 내장되어 출시되는 제품도 늘어나고 있어 광산란법을 적용한 측정기의 보급률이 급증하고 있다.

광산란법이란, PM이 광학 측정 챔버(공간)에 들어왔을 때 레이저 광선이 PM에 부딪혀 여러 방향으로 흩어지게(산란) 되는데, 이때 흩어진 빛의 크기와 개수로 물질의 농도를 측정하는 하는 방식이다. 광산란법 측정기의 장점은 휴대가 용이하고, 실시간 측정이 가능하며, 한 대의 기기로 PM10, PM2.5 등 다양한 크기의 입자상 물질을 측정할 수 있다는 점이다. 무엇보다 다른 종류의 실시간 측정기에 비해 가격이 매우 저렴하다. 반면 광산란법의 치명적인 단점은 PM에 대한 비중이 고려되지 않아 개수를 질량 농도로 전환하는 과정에서 큰 오차가 발생할 수 있고, 정확한 입자 크기 분리가 어렵다는 것이다.

광산란법 측정기는 차마 거부할 수 없는 장점, 특히 가격이 싸다는 장점 덕에 보급률이 매우 높다. 하지만 정작 가장 중요한 정확도는 신뢰하기 어려운 수준이다. 심지어 기계가 고장났나 싶을 정도로 큰 오차가 발생할 수 있으므로 구매할 때 주의해야 한다. 2016년 12월 14일, 환경부가 광산란법이 적용된 간이 실내 공기질 측정 기기 및 실내 공기질 측정치가 표시된 공기청정기 등 17개 제품에 대한 실내 오염 물질 농도 수치 신뢰성 조사 결과를 발표했다. 이 발표에 따르면, 이산화탄소 측정값의 정확도는 괜찮았으나 그 외 PM10과 총 휘발성 유기화합물Total Volatile Organic Compounds(TVOCs) 측정값은 정확도가 낮았다. 예를 들어, 어떤 제품은 TVOCs의 한 종류인 독성 물질 톨루엔의 농도가 세제곱미터당 0마이크로그램인 실험용 가짜 가스를 주입했는데도 무려 1,000마이크로그램이라는 무시무시한 측정값을 표시했다.

특히 PM10 농도를 표시하는 17개 제품 모두 구조적으로 공기 흡입 유량을 조절하는 펌프나 팬 같은 장치가 없었다. 때문에 매번 유입되는 공기량이 달라서 측정할 때마다 다른 결과 값을 표시하기도 했다. 국내 공기질 공정시험기준인 중량법Gravimetric method(일정 시간 물질을 채집해 무게를 달아서 농도를 파악하는 방식)과 비교한 챔버 실험에서는 오차율이 무려 51~90퍼센트인 것으로 조사되었다. 참고로, 기업 품질 관리 방법론인 6시그마six sigma에서는 측정값 편차가 20퍼센트 이하여야 합격과 불합격 판단을 할 수 있는 측정기로 활용이 가능하다. 오차율 51퍼센트만 되어도 어처구니없을 정도인데, 오차율 90퍼센트라니 기계 이름이 측정기인 것 자체가 민망한 상황이다. 오히려 측정자의 눈, 코, 피부 등 동물적 감각으로 측정한 수치가 더 정확하게 나올 것이다.

홈케어 및 공기청정기에 사용되는 센서는 주로 미국, 일본, 유럽 등에서 생산되는 3만~5만 원대의 저가형 측정 센서들이다. 이들 대부분은 센서를 개별적으로 검교정檢較正 받지 않은 제품들이다. 검교정이란, 시험 및 측정에 사용되는 모든 계량 계측기의 정밀도와 성능을 유지하기 위해서 규정된 주기와 절차에 따라 비교·검사하여 교정하는 것이다. 이 절차를 거치지 않은 까닭에 같은 제조사에서 생성된 동일한 제품끼리도 서로 다른 PM 농도 값을 표시하는 경향이 나타나기도 한다. 또 판매 후 실제 사용 중인 제품은 센서에 대한 교정이나 보정, 유지·보수 등 사후 관리 및 측정치의 정밀도를 관리하는 정도精度 관리가 이루어지지 않는다. 사용 과정에서 센서의 교정 값이 달라지거나, 센서의 오염 등으로 실제보다 훨씬 높은 PM 수치를 표시하는 사례도 많은 것으로 확인됐다.

무엇보다도, 광산란법은 그 측정 방식 자체가 매우 신뢰도가 낮기 때문에 대기 오염공정시험기준에서는 아예 제외되었으며, 대체로 오염도의 추이 분석 정도에만 사용된다. 또 환경부의 조사 대상이 된 17개 제품에 포함되지 않았다 하더라도 성능의 차이는 어차피 오십보백보다. 대부분의 제품이 같은 종류의 측정기 센서를 사용하기 때문이다. 휴대용 PM 측정기나 홈케어 제품, 그리고 공기청정기에 부착되어 있는 측정기의 수치는 신뢰할 만한 값이 아니라는 것을 명심해야 한다. 물론 이들 측정기는 대략적으로 PM의 농도를 파악하는 데에는 유용한 선택이 될 수 있다.

PM은 어떻게 우리를 병들게 하는가

중금속과 유해 물질이 뒤범벅된 PM에 노출되는 순간, 신체는 전방위 공격을 받게 된다. 몸 밖에서는 피부 질환 위주로 가려움증, 아토피나 지루성 피부염, 탈모 등 무자비한 타격을 입게 되고, 눈에는 결막염, 귀에는 중이염 등 PM이 닿은 부위라면 어디든 염증이 일어날 수 있다.

한편, 체내 유입은 호흡을 통해 이루어진다. 공격을 가장 먼저 받는 곳도 호흡 기관이다. 목 따가움, 콧물, 기침, 가래 등의 증상을 일으키며 면역력을 약화시켜 알레르기 질환, 감기, 비염, 천식을 유발하기도 한다. PM이 기관지에 다다르면 만성 기관지염, 폐기종 등을 포함한 만성 폐쇄성 폐 질환—영구적인 폐기능 저하를 유발하고, 폐 기능이 50퍼센트 이상 손실되기 전까지 증상이 나타나지 않으며, 세계 사망 원인 중 4위를 차지—같은 호흡기 질환을 유발하게 된다.

이처럼 PM의 공격에 가장 먼저 무너지고, 가장 직접적으로 손상 입는 호흡기 질환 외에도, PM은 체내 곳곳에서 암, 동맥 질환, 치매 등 치명적인 손상을 일으키거나, 노약자는 물론 태아의 건강까지 위협하는 것으로 밝혀지고 있다.

1군 발암물질로 지정된 PM

2013년 10월 17일 '대기 오염'과 'PM'은 그 탁월한 발암 능력을 인정받아 '1군 발암물질'로 선정되었다. WHO 산하 국제암연구소International Agency for Research on Cancer(IARC)는 대기 오염과 PM을 각각 112번째와 113번째 1군 발암물질로 지정했다. IARC가 세계 여러 나라에서 연구된 대기 오염과 인체 건강에 관한 논문 및 보고서 1,000편 이상을 정밀하게 검토한 결과, 대기 오염이 폐암을 유발하고 방광암의 발병 위험을 높인다는 확실한 증거가 확인됐다. 또 주요 대기 오염 물질인 PM의 건강 영향 문제를 별도로 평가한 결과, 이 역시 발암 근거가 명확하다고 밝혔다.

'1군' 발암물질로 지정되기 위해서는 해당 물질이 사람에게 암을 일으킨다는 분명하고 충분한 역학적 증거, 즉 조사 대상을 성별, 연령, 직업,

표 5 〈국제암연구소 발암물질 분류〉 2017년 8월 기준

분류	정의	물질	물질 수
1군 (Group 1)	**인체발암물질**(Carcinogenic to humans, 확실한 발암물질): 충분한 인간 대상 연구자료와 충분한 동물실험 결과가 있는 경우	담배(흡연, 무연, 간전흡연), 벤젠, 카드뮴, 석탄(실내석탄연소), 석면, 대기 오염, 대기 오염 내 PM 등	120
2A군 (Group 2A)	**인체발암추정물질**(Probably carcinogenic to humans, 가능성 높음): 제한적 인간 대상 연구자료와 충분한 동물실험 결과가 있는 경우	아크릴아마이드, 납 화합물, 석유 정제(직업 노출), 말라리아, 코발트(with 텅스텐화합물), 질소겨자 등	81
2B군 (Group 2B)	**인체발암가능물질**(Possibly carcinogenic to humans, 가능성 있음): 제한적 인간 대상 연구자료와 불충분한 동물실험 결과가 있는 경우	아세트알데히드, 납, 메틸수은 화합물, 톨루엔, 가솔린 매연 등	299
3군 (Group 3)	**인체발암성미분류물질**(Not classifiable as to its carcinogenicity to humans: 발암물질 아님): 불충분한 인간 대상 연구자료와 불충분한 동물실험 결과가 있는 경우	카페인, 에틸렌, 머리 염색약, 페놀, 인쇄 잉크, 디엘드린(농약) 등	502
4군 (Group 4)	**인체비발암성추정물질**(Probably not carcinogenic to humans, 발암물질 아님): 인간에서 발암 가능성이 없으며 동물실험 결과도 부족한 경우	카프로락탐(나일론의 원료)	1

영양 상태 등의 특성이나 지리적 조건, 시기, 기간 등 때에 따라 구분하여, 어떠한 요인이 관여하여 암이 발생했는지 논리적으로 설명 가능해야 한다. 단 예외적인 경우로, 역학 증거는 부족하지만 동물실험 증거가 충분하기 때문에 1군으로 지정되는 경우도 있는데, 이런 경우는 암을 일으키는 기전機轉(일어나는 현상)이 확인되고 인체 노출 증거가 확실한 사례가 있을 경우에 해당한다. 2017년 7월 18일 기준, 1군으로 분류된 발암물질은 대기 오염, 대기 오염 중 PM 외에도 담배, 경유차량 배기가스, 석면, 벤젠(C_6H_6), 카드뮴(Cd), 포름알데하이드(HCHO), 알코올, 자외선 등 모두 120가지다.

만약, 발암물질과 순수 독성 물질 중 반드시 어느 한 가지를 선택해야
만 한다면 무엇을 선택하겠는가? 발암물질이 대개 독성 물질을 포함하
고 있기도 하고, 마치, '엄마와 아빠 중에 누가 더 좋으냐'는 것과 다를 바
없는 질문이지만, 발암물질의 특성을 이해하면 고민을 조금이나마 덜 수
있을 것이다. 발암물질과 독성 물질은 역치threshold value에서 차이를 보
인다. 역치란, 어떤 반응이 일어나게 만들기 위한 최소한의 자극 세기값
이다. 독성 물질은 분해되든, 축적되든 일단 그 총체적인 값이 역치보다
낮은 수준에 있으면 해당 개체에 독성을 나타내지 않는다.

예를 들어, 주변에서 가장 흔하게 찾아볼 수 있는 독성 물질로 '보
톡스Botox'란 제품을 들 수 있다. 미용의학계의 '주름 지우개'로 회춘
을 꿈꾸는 모든 이들에게 팽팽함을 선사하는 마법 같은 존재지만, 원
래는 부패된 음식에서 검출되는 세균인 클로스트리디움 보툴리눔
clostridium botulinum이 분비한 일곱 종류의 신경독소(A~G) 중 A형 독소
만 정제하여 만든 제품이다. 이 독 150그램이면 인류 전체를 독살시킬
수 있을 만큼 강하다. 그러나 1989년에 미국 식품의약국Food and Drug
Adminstration(FDA)으로부터 사시strabismus(두 눈이 서로 다른 지점을 바라보는
시력 장애) 치료제로, 2000년에는 사경증wryneck(목이 비틀어지고 머리가 한쪽
으로 기울어지는 증상) 치료제로 허가받은 데 이어, 2002년에는 미간 세로
주름 성형 치료제로 승인받았다. 지난 27년여 동안 세계 각국에서 사용
되면서, 여러 부작용이 보고되긴 했지만, 아직은 미량의 보툴리눔 독소
로 인한 직접적인 사망 사고는 없었다. 따라서 인체에 치명적 해를 가져
올 만한 역치값 이하의 미량만 사용한다면 안전하다고 평가받고 있다.

반면 발암물질은 정상 세포를 암세포로 변화시키는 원인임에도 역치
가 존재하지 않는 것으로 알려져 있다.[9] 발암물질이 일단 세포의 유전체

DNA를 손상시키면, DNA 구조에 변화가 발생하고, 손상이 복구되지 못하면 발암 위험성을 높이는 DNA 돌연변이가 발생한다. 발암물질이 몸 밖으로 배출되었다 하더라도 이미 DNA에 손상을 입힌 뒤다. 또 이론적으로, 적은 양의 발암물질이라 하더라도 유전체 DNA는 손상될 수 있다. 물론, 발암물질에 노출되는 정도가 적을수록 이런 발암성carcinogenicity이 나타날 확률도 낮아지는 것이 사실이다. 문제는, 발암물질인 PM이 항상 공기 중에 존재한다는 것이고, 숨을 통해 지속적으로 체내에 축적되어 정상 세포의 염색체에 돌연변이를 일으키면 악성종양, 즉 암이 발생할 가능성이 높아진다는 것이다. 실제로, PM2.5가 체내에 들어온 후 DNA 복구 기능과 신체 면역 반응에 손상을 가함으로써 암 발생에 기여한다는 것은 이미 잘 알려져 있는 사실이다.

2016년 4월 29일자 학술지《암역학, 생물표지와 예방Cancer Epidemiology, Biomarkers and Prevention》에 게재된 논문 〈다수의 암과 관련 있는 입자상 대기 오염 물질에 대한 노출Exposure to particulate air pollutants associated with numerous cancers〉에 따르면, 1998~2001년 홍콩의 65세 이상 성인 6만 6820명을 대상으로 2011년까지 추적 연구한 결과, PM2.5 농도가 세제곱미터당 10마이크로그램 높아질 때마다 암 발병으로 사망할 위험이 평균 22퍼센트씩 증가한 것으로 나타났다. 또 여성의 경우 대기 중 PM2.5 농도가 세제곱미터당 10마이크로그램 높아지면 유방암으로 사망할 위험이 무려 80퍼센트 늘어났다. 직경 1마이크로미터 미만의 PM10이 미세혈관이 발달해 있는 유방의 혈관에 들어갈 경우 암을 일으킬 수 있다. 남

---

9 금속이온(Cd, Be, Pb, Ni, Cr, Co), 석면, 고체발암물질, 발암협력물질 등의 '비유전독성 발암물 질'은 독성 물질과 마찬가지로 역치가 있다.

성의 경우 PM2.5 농도가 세제곱미터당 10마이크로그램 높아지면 폐암으로 사망할 위험이 36퍼센트 증가한 것으로 나타났다. 또한, PM에 포함된 중금속은 장내 미생물에 악영향을 끼쳐 암 발병에 기여하는 것으로 나타났다.

PM에는 '안전한 수준'이라는 기준이 존재하지 않으며, 농도가 낮더라도 노약자의 사망률을 크게 높인다는 연구 결과도 있다. 2017년 12월 26일 《미국의학협회저널Journal of the American Medical Association》(JAMA)에 발표된 하버드대학교 보건대학원 연구팀의 논문 〈대기 오염 단기 노출과 고령 사망자 수의 연관성Association of Short-term Exposure to Air Pollution With Mortality in Older Adults〉은 65세 이상 노인을 대상으로 하는 미국의 연방정부 사회보장 제도인 '메디케어Medicare' 서비스 수혜자 전원을 대상으로 미세먼지 농도와 사망률의 관계를 추적한 결과를 발표했다. 논문은 2000년부터 2012년까지 13년 동안 사망한 2243만 명의 나이와 성별, 인종, 거주지 등의 기록을 실제 거주했던 3만 9182개 지역에 대입해 PM 농도가 사망에 미친 영향을 분석했다. 계절 등 다른 요인의 사망률 기여도는 통계적 기법으로 제거하고, 오직 PM에 의한 결과만 나타나도록 했다. 그 결과, PM2.5 농도가 세제곱미터당 10마이크로그램 증가할 때마다 노약자의 사망률이 1.05퍼센트 증가하는 것을 발견했다. 100만 명당 하루 평균 1.42명이 추가로 사망한다는 의미다. 또 1년 중 3개월만 PM 농도가 세제곱미터당 1마이크로그램만 증가해도 미국 내에서 13년간 7,150명이 추가로 사망한다는 결과가 나타났다.

이에 앞서 동일한 연구팀이 2017년 6월 29일 《뉴잉글랜드의학저널New England Journal of Medicine》에 발표한 논문 〈대기 오염과 의료보험 인구의 사망자 수Air Pollution and Mortality in the Medicare Population〉에

따르면, 조사 대상자 94퍼센트가 미국 환경청(EPA) 기준 하루 평균 세제곱미터당 35마이크로그램, 연평균 12마이크로그램보다 미세먼지 농도가 낮은 지역에 살았는데도 사망률 증가 추세는 똑같거나 오히려 높아졌다. PM의 농도가 기준치보다 낮다 하더라도 고령자의 사망에 미치는 악영향은 결코 사라지지 않는다는 사실을 밝혀낸 것이다. 연구 기간의 94퍼센트는 PM2.5가 세제곱미터당 25마이크로그램 아래였고, 그 동안 사망의 95퍼센트가 일어났다. 이는 "PM에는 사실상 역치가 없다."는 결론으로, '이 정도 낮은 PM이라면 건강에 문제없겠지.'라는 생각이 잘못된 추측임을 말해준다. 이는 한국에도 시사하는 바가 매우 크다.

엄마의 호흡이 태아의 건강을 망가뜨린다

PM은 아직 바깥 공기를 마시지도 않은 태아에게도 해를 입힌다. 유럽과 북미의 의과대학과 의료 기관의 연구 보고서 중 다수가 PM이 특히, 태아 성장과 지능에 직접적인 영향을 미친다는 주장을 뒷받침하고 있다. 국내에서도 국립환경과학원이 진행한 연구 〈산모-영유아의 환경유해인자 노출 및 건강영향연구〉에서 이 같은 내용이 확인된 바 있다.

구체적으로는, 산모·영유아집단(코호트cohort[10]) 총 1,700명 중 6개월에서 36개월 사이의 영유아 667명을 조사한 결과, 산모가 PM에 과도하게 노출되면 태아의 두정골(키를 잴 때 기준이 되는 뒤통수 부분을 덮고 있는 뼈의 크

---

10 조사 연구와 인구학적 연구에서, 특별한 기간 내에 출생하거나 조사하는 주제와 관련된 특성을 공유하는 대상의 집단을 말한다. 또 특정 경험(특히 연령)을 공유하는 사람들의 집체를 의미한다. 코호트는 원래는 로마 군단의 부대 단위 명칭이다. 현대 군대의 대대급에 해당하는 고대 로마 군대의 세부 조직으로 1코호트는 약 300~500명으로 구성되었다. 이들은 함께 훈련하며 생활하고 전쟁하는 과정에서 높은 내부적 동질성을 가지게 되었다.

기와 무릎 위 넓적다리인 대퇴)의 길이가 줄어들고, 말하기, 듣기 등의 인지능력과 동작성이 떨어지는 것으로 나타났다. 연구진은 이것이 PM이 산모의 몸속으로 들어가 염증을 유발하고 혈액을 끈적이게 만들어 태반을 통한 영양 공급을 방해했기 때문일 것으로 추측했다. 또한, PM 속의 중금속을 비롯한 다수의 유해 물질이 태반을 통해 태아의 뇌 성장과 발달을 저해했기 때문으로 추정했다. 뿐만 아니라, 폐 기능이 발달하는 단계에 있는 영유아가 만성적으로 PM에 노출되면 성인이 되어서도 여전히 폐 기능에 나쁜 영향을 미치는 것으로 나타났다.

또 다른 연구 결과에서는, 임신 전 정상 체형이었던 임부가 대기 오염 중 PM 농도가 높은 지역에 거주하다 출산한 경우, 아기가 두 돌이 되기 전에 비만이 될 가능성이 그렇지 않은 지역에 살 때보다 50퍼센트 이상 높다고 조사되었다. PM이 임신부의 몸속에 염증을 일으키고, 이로 인해 대사 작용에 문제가 생겨 태어난 아기가 비만이 되는 것이다.

한편, 임신부 거주지의 PM 농도가 높을수록 아이의 천식과 아토피 피부염 유병률도 증가한다. 이는 국내 연구진이 확인한 사실로, 임산부의 PM10 노출 농도가 1세제곱미터당 1마이크로그램 증가할 때 아이가 천식·알레르기 비염에 걸리는 위험도가 4~13.6퍼센트씩 증가하는 것으로 조사됐다. 구체적으로, 임신 기간 동안 교통량이 많은 주요 도로로부터 200미터 이상 떨어진 곳에 살았을 경우 24개월 된 아이가 아토피 피부염에 걸릴 유병률은 12.9퍼센트였지만, 훨씬 더 도로에 인접한 50~99미터 이내에 살았을 경우에는 아토피 피부염 유병률이 약 두 배에 가까운 24퍼센트인 것으로 나타났다.

연구 결과를 종합하자면, 엄마가 임신 중 흡입한 PM으로 인해 아기의 키가 작고, 다리가 짧으며, 어눌한 언어 감각에 동작이 둔하고, 비만인

데다 아토피나 천식에 걸릴 가능성이 상당히 높아질 수 있다는 것이다. 총체적 난관이 아닐 수 없다.

2017년 2월 10일 환경과학 분야의 저명한 학술지인 《국제환경Environment International》은 〈임산부의 초미세먼지 노출과 관련된 조기 출산: 세계적, 지역적, 국가적 평가Preterm birth associated with maternal fine particulate matter exposure: A global, regional and national assessment〉라는 논문을 실었다. 이 논문에서 스웨덴, 미국, 영국의 국제 연구팀은 세계 183개 나라의 PM2.5 오염도, 조기 출산율 등을 반영하는 방식으로 '오직 PM2.5만으로 인한' 조기 출산 실태를 평가했다. PM2.5로 인한 조기 출산은 임신 37주 이내의 분만을 말한다. 이는 5세 이하 영아 사망의 주요 원인이자, 살아남았다 해도 평생 기형이나 건강 문제로 고통받는 경우가 많다.

각 나라의 확정 통계가 나온 2010년 자료를 수집·분석한 결과, 전 세계 조기 출산아 약 1490만 명 중 PM2.5로 인한 조기 출산율이 18~23퍼센트, 즉 270만~340만 명에 달했던 것으로 나타났다. 특히 한국이 포함된 동아시아 및 남아시아 지역은 PM2.5 오염도가 광범위한 탓에 이로 인한 조기 출산아 수도 압도적으로 많았다. 동아시아의 중국과 남아시아의 인도는 각각 아시아 국가 면적 1위, 2위를 차지하고 있는 큰 덩치인데다가, 한국의 서울, 중국의 상하이, 인도의 뉴델리는 전 세계 대기 오염도를 실시간 모니터링하는 에어비주얼(http://aqicn.org)의 공기품질지수 Air Quality Index(AQI)에서 '공기 나쁜 도시' 1~3위를 번갈아가며 차지하는 곳이다. 전체 PM2.5로 인한 조기 출산아 중 절반가량은 대기 오염이 심각한 인도와 중국의 조기 출산아로, 각각 100만 명과 52만 명을 차지했다. 이들을 포함한 동아시아 및 남아시아의 PM2.5로 인한 조기 출산아는 전체의 75퍼센트에 달했다.

동맥 질환을 악화시키는 PM

PM은 심장과 주요 동맥으로 이동시, 불 난 집이 활활 타오르도록 기름을 들이붓는 역할을 한다. 미국암학회American Cancer Society(ACS)에 따르면, PM2.5가 세제곱미터당 10마이크로그램 증가할 경우 폐 질환보다 심혈관 질환 사망률이 더 높아지는 것으로 나타났다. PM이 혈관 벽에 들러붙어 염증을 만들고 기존 동맥경화를 악화시키기 때문이다. 또 혈액을 끈적끈적하게 만들기 때문에 혈전(피딱지)이 만들어질 수도 있다. 혈전이 혈관 안을 떠돌아다니다가 심장 혈관이나 뇌혈관을 막아버리면 협심증, 심근경색 등과 같은 허혈성 심질환과 뇌졸중이 생긴다.

또한, 자율신경계를 자극해 심장 박동 수와 혈압에 이상이 생기게 만들기도 하는데, 이런 자율신경계 장애는 심장 질환이나 출혈성 뇌졸중의 위험성도 높인다. 이는 국내 의료 기관에서 확인된 사실인데, 2011년부터 2013년 12월까지 3년간 전국 12개 병원에서 뇌졸중으로 치료받은 환자 1만 3535명을 분석한 결과, PM10 농도가 높아질 때마다 뇌졸중 위험이 5퍼센트씩 높아지는 것으로 나타났다.

PM과 치매의 상관관계

현재 심장병, 암, 뇌졸중에 이어 4대 주요 사망 요인으로 불리는 '치매' 또한 PM에 의한 발병 가능성이 높게 제기되고 있다. 대기 오염 속 PM이 호흡시 코를 통해 뇌로 들어가 치매를 유발할 수 있다는 것이다.

세계 최고의 의학 전문지 중 하나인 《더랜싯*The Lancet*》에 실린 2017년 1월 4일자 논문 〈주요 도로 주변의 생활과 치매, 파킨슨병, 다발성 경화증 발생: 인구 기반 집단 연구Living near major roads and the incidence of dementia, Parkinson's disease, and multiple sclerosis: a population-based cohort study〉는 PM과 치매의 연관성에 관한 내용으로 주목을 끌었다. 캐나다 온타리오 주 공공보건국(PHO)과 임상평가과학연구소(ICES) 등 다수의 연구진이 참여한 이 논문은 캐나다 남동부에 위치한 온타리오주(주도는 캐나다 제1의 도시 토론토)의 200만 명에 가까운 주민을 대상으로 2001년부터 2012년까지, 11년간 발생한 치매 24만 3611건, 파킨슨병 3만 1577건, 다발성경화증 9,247건을 장기간 추적 조사한 결과를 실었다.

논문에 따르면, 교통량이 많은 주요 도로로부터 50미터 이내에 거주하는 사람은 300미터 이상 떨어진 곳에서 사는 사람에 비해 치매 발병률이 7퍼센트 더 높은 것으로 나타났다. 50~100미터 사이에 거주하는 사람과 101~200미터 사이에 거주하는 사람도 300미터 이상 떨어진 곳에 사는 사람에 비해 치매 발병률이 각각 4퍼센트, 2퍼센트가 더 높은 것으로 나타났다. 주요 도로에서 200미터를 초과하는 거리에서 거주하는 경우에는 치매 발병률이 높아지는 경향이 나타나지 않았다. 또 파킨슨병[11]과 다발성경화증[12]에 대해서는 이런 관계가 드러나지 않았다. 따라서 교통량이 많은 도로에서 나오는 PM1.0을 비롯한 대기 오염 물질이 혈액을 통해 뇌에 들어가 신경학적 문제를 일으킬 수 있음을 시사한다고 밝혔다.

다른 논문에서도 이와 유사한 내용의 연구 결과를 보여준다. 네이처

---

11 파킨슨병은 대표적인 신경퇴행성 질환으로. 초기 증상의 환자들은 손이나 팔에서 떨림이 일어나고 관절의 움직임이 어색하며 불편함을 느낀다. 주요 증상 및 징후들로는 떨림, 경직, 느린 운동 및 자세 불안정성 등이 있다.

12 다발성경화증은 뇌, 척수, 그리고 시신경을 포함하는 중추신경계에 발생하는 만성 신경면역계질환이다. 이상 감각 증상으로는 무감각, 얼얼한 느낌, 화끈거림(국소적으로 나타남)이 있고, 반신마비, 하반신마비, 사지마비(하지마비에 동반하여 배뇨, 배변, 성기능 장애) 등의 운동 장애를 보이며, 통증이 동반된 시력 저하, 시야 흐림 등 시각신경염 증상도 있다.

출판그룹Nature Publishing Group에서 발행하는 2017년 1월 31일자 《중개정신의학Translational Psychiatry》에 게재된 논문 〈미세입자 대기 오염 물질, APOE 대립 유전자 및 이 요소들이 고령 여성의 인지장애 및 실험 모델의 아밀로이드 생성에 미치는 기여도Particulate air pollutants, APOE alleles and their contributions to cognitive impairment in older women and to amyloidogenesis in experimental models〉에 따르면, PM2.5 농도가 높은 지역에 사는 여성은 낮은 지역에 사는 여성에 비해 인지 기능 저하 위험이 81퍼센트, 치매 발생률이 92퍼센트 높은 것으로 나타났다. 이는 미국환경보호청(EPA)이 미국 48개 주에서 전국여성건강-기억력연구(WHIMS)에 참가한 65세에서 79세 여성 3,647명을 대상으로 조사한 〈주거지의 PM2.5 농도와 치매 발생률〉을 비교 분석한 결과다. 참가자의 인종, 사회경제적 지위, 생활습관, 다른 질병 등 교란 인자confounding factor도 고려했지만, 이 결과에는 변함이 없었다.

특히 PM2.5의 영향은 치매 위험을 높이는 ApoE4[13] 변이유전자를 지닌 여성들에게서 가장 강하게 나타났다. 이 결과를 확인해 보기 위해 ApoE4 변이 유전자를 지닌 쥐 그룹과 정상 유전자를 가진 쥐 그룹을 15주 동안 PM2.5에 노출시킨 결과, 예상대로 변이 유전자를 지닌 쥐 그룹이 정상 유전자 쥐 그룹보다 '베타-아밀로이드 플라크β-amyloid plaque'—뇌세포 표면에 형성되는 독성 단백질 덩어리로 치매의 주범으로 알려진 물질—가 60퍼센트 많은 것으로 밝혀졌다. 이는 PM2.5 노출이 베타-아

---

13 ApoE4는 19번째 염색체에 존재하는 '콜레스테롤 등 지질을 혈류로 보내는 데 도움이 되는 단백질을 만드는 설계도를 포함하는' 유전자이다. ApoE4는 전 세계 인구의 25~30퍼센트 정도에서 나타나는 유전자형으로, 만발성 알츠하이머 환자에서는 그 비율이 40퍼센트에 달한다.

밀로이드 플라크의 축적을 가속화시킨다는 사실을 보여주는 것이라고 논문은 설명했다.

이보다 이른 2016년 9월 5일, 미국 국립과학원이 발행하는 저명한 학술지 《국립과학원회보Proceedings of National Academy of Sciences》에 실린 논문 〈인간 뇌 속의 산화철 오염 나노 입자Magnetite pollution nanoparticles in the human brain〉에서는 영국 맨체스터브레인뱅크Manchester Brain Bank와 함께 멕시코의 멕시코시티에서 치명적인 사고나 치매 등 신경퇴행성으로 사망한 3~92세 사이의 총 37명으로부터 추출한 동결 건조된 뇌 조직 분석 결과를 실었다. 이 논문에 따르면, 뇌 조직에서 1그램당 수백만 개의 자철석magnetite 입자를 발견했다고 밝혔다. 특히 생전에 심한 중증 치매를 앓은 고령 사망자의 뇌에서 자철석 산화물 입자가 많이 발견된 것으로 나타났다.

철과 산소의 화합물인 자철석 산화물은 산화철iron oxide의 일종이며, 미세한 금속 성분의 자성 물질이다. 자철석 산화물의 농도가 높게 나타나는 곳은 도로 주변이다. 차량에서 발생하는 초미세입자Ultrafine particles, 즉 PM0.1이기 때문이다. 운전자가 브레이크를 밟으면 브레이크 패드와 브레이크 디스크가 서로 맞물리며 열과 마찰을 일으킨다. 덕분에 바퀴는 멈추지만 패드와 디스크는 서로 닳아 없어지게 되고, 그 과정에서 자철석 산화물이 발생한다. 또 고온에서 쉽게 형성되다 보니 자동차 매연, 특히 디젤 엔진 연소 과정과 발전소에서도 생성된다. 고온에서 생성된 자철석의 형태는 표면이 둥근 것이 특징이다. 논문의 뇌 조직에서 발견된 자철석의 경우도 도로에서 발견되는 자철석과 유사한 둥근 형태다. 물론 자철석은 뇌에서 자연적으로 발생하여 미량으로 존재할 수 있지만 이렇게 형성된 입자는 뚜렷하게 각이 져 있거나 들쭉날쭉한 형태라

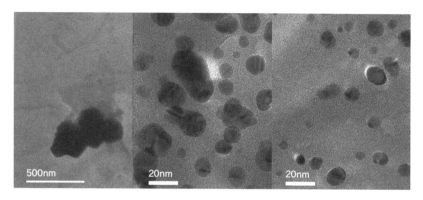

그림 16 자철석 입자 형태의 비교. 인체 내부에서 생성된 자철석 입자(왼쪽)와 사망한 인간의 뇌에서 발견한 둥근 형태의 자철석 입자(가운데), 도로 등 공기 오염이 심한 장소에서 발견된 둥근 형태의 자석철 입자(오른쪽).

서 모양으로 구분이 가능할 만큼 서로 다르게 생겼다.

논문에서는 외부에서 생성된 자철석 산화물이 인체 내에 침투한 경로는 확인되지 않았지만, 크기가 워낙 미세해서 호흡시 코로 들어와 혈관을 통해 뇌로 들어간 것으로 추정했다. 이렇게 외부에서 침입하여 뇌에 도착한 자철석 산화물이 아밀로이드 플라크를 형성해 치매를 유발하는 것이다. 끈적끈적한 독성 단백질 찌꺼기인 아밀로이드 플라크는 뇌세포 사이의 의사소통을 차단시켜 알츠하이머병Alzheimer's disease의 주요 증상인 치매를 유발한다.

자철석 산화물이 치매를 일으키는 아밀로이드 플라크를 형성한다는 것은 이미 잘 알려져 있는 사실이다. 자철석이 인간의 뇌에서 발견된 것 또한 1992년으로 오래전의 일이다. 또 이 연구는 대기 오염으로 만들어진 자철석 PM이 뇌로 들어갈 수 있다는 증거를 제공했지만 치매와의 명확한 연관성을 제시하지는 못했다. 치매의 원인은 매우 복잡하기 때문에 아직은 인과관계가 있다고 결론짓기에 너무 이른 것도 사실이다.

그럼에도 이 논문이 주목받는 이유는 따로 있다. 지금까지는 자철석 등의 금속성 물질들이 뇌에서 자연적으로 형성되었다고만 보았으나, 이 연구를 통해 뇌 속의 금속성 물질 중 일부가 외부에서 유입된 대기 오염 중의 PM일 가능성이 최초로 확인되었기 때문이다. 앞서 소개한 논문에서 볼 수 있듯이, 이 논문이 2016년 9월 발표된 이후, 2017년 초부터 대기 오염 중의 PM과 치매의 상관관계를 분석한 논문의 발표가 잇따르고 있다.

우리나라의 치매 환자는 2011년 약 29만 5000명에서 2015년 약 45만 9000명으로, 4년 새 약 55퍼센트 늘었고, 연평균 11.7퍼센트씩 증가하고 있다. 안타깝게도 젊은 치매 환자까지 늘고 있는 추세다. 2017년 발표된 국민건강보험공단 자료에 따르면 30~40대 젊은 치매 환자 수가 최근 5년간 약 60퍼센트나 증가했다. 그래서인지 PM과 치매의 상관관계를 심층적으로 다룬 조사, 특히 국내 사례를 중심으로 한 연구가 더욱 절실하다.

어린이의 면역력을 떨어뜨리는 PM

2011년 수도권 대기환경 전문가 포럼의 〈대기 오염과 건강 영향〉 발표 자료에 따르면, 대기 오염이 높은 지역, 즉 도로변에 거주하는 어린이는 대식세포—인체 내 침입한 세균, 바이러스, 이물질, 노폐세포 등을 모조리 잡아먹음으로써 살균, 바이러스의 불활성화, 항종양 작용 등 면역을 담당하는 중요한 세포—내 탄소 농도가 높았다. 그림 17과 같이 A에서 E로 갈수록, 즉 도로에 가까이 거주할수록 대식세포 내 탄소 농도가 증가함을 알 수 있다. 탄소는 불완전 연소로 인해 생겨난 검댕 같은 오염 물질

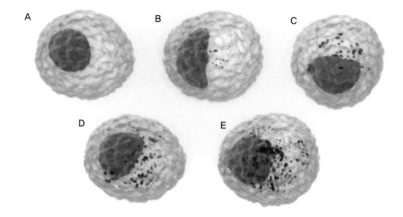

그림 17 **도로변에 거주하는 어린이 대식세포의 비교(검은 점은 외부에서 유입된 탄소)** A는 도로에서 가장 멀리 떨어진 곳에 거주한 어린이, E는 도로에서 가장 가까운 곳에 거주하는 어린이다.

이며, 대식세포 내 탄소의 농도가 증가할수록 폐 기능이 감소한다.

고농도의 대기 오염에만 노출되지만 않으면, 그러니까 다소 연한(?) 대기 오염 정도라면 크게 걱정하지 않아도 되는 것일까? 정답은 절대 '아니오'다. 영국의 의학 전문지인 《브리티시메디컬저널*British Medical Journal*》이 2016년 6월 3일 공개한 논문 〈스웨덴 어린이 및 청소년의 대규모 코호트 정신 건강 장애에 대한 근린 대기 오염 농도와 분배 약물 간의 연관성Association between neighbourhood air pollution concentrations and dispensed medication for psychiatric disorders in a large longitudinal cohort of Swedish children and adolescents〉에서는 낮은 수준의 오염이라고 하더라도 대기 오염이 아동의 정신질환 증가와 관련이 있다는 것을 확인했다.

이 논문에서는, 주로 자동차 배기가스에서 배출되는 이산화질소가 세제곱미터당 10마이크로그램 증가할 경우, 아동들의 정신질환이 9퍼센트 증가하는 것으로 나타났다. 또 PM2.5와 PM10이 세제곱미터당 10마이크로그램 증가할 경우, 아동들의 정신질환은 4퍼센트 증가했다. 이 결과는 스웨덴에서 50만 명이 넘는 18세 이하 아동과 청소년을 대상으로 대기 오염 노출을 조사해서 진정제부터 정신질환제에 이르기까지 정신질환 치료를 위해 처방된 투약 기록을 비교해서 도출한 자료다. 아이들이 성인보다 더 활동적이어서 대기 오염 흡입량과 노출 빈도가 많으며, 신체 장기가 발달 중인 단계여서 오염 물질에 더 취약할 수 있다는 것을 보여준다. 이 논문은 대기 오염이 정신건강과 인지 능력에 영향을 미칠 수 있고, 특히 어린이들이 나쁜 공기에 취약하다는 연관관계를 확립한 첫 번째 연구결과다.

세포벽을 뚫고 몸속을 누비는 PM

호흡시 코로 들어와 뇌 속으로 침입할 정도로 작은 크기의 PM이라면, 뇌뿐 아니라 체내 어디라도 오염시키지 못할 곳이 없지 않을까? 다시 말해 군이 말로 다하지 못할 신체 구석구석에까지 악영향을 줄 수 있는 것 아닐까? 이 같은 의문을 실제로 증명한 논문이 있다. 2002년 1월 29일 미국심장협회American Heart Association 학회지인 《서큘레이션*Circulation*》에 실린 논문, 〈인간의 혈액 순환에 흡입된 입자의 통과Passage of Inhaled Particles Into the Blood Circulation in Humans〉는 다른 연구에서 1,000회 이상 인용되었을 정도로 유명한 논문이다. 이 논문은 PM이 호흡기나 심혈관뿐 아니라 몸 전체에 유해하다는 것을 증명해 보였다.

연구진들은 24~47세 사이의 담배를 피우지 않는 건강한 남성 다섯 명을 대상으로 형광 물질을 입힌 PM0.1, 즉 초미세입자를 흡입하게 한 후 혈액 샘플을 채취하고 감마카메라gamma camera[14]로 그들의 몸속을 촬영

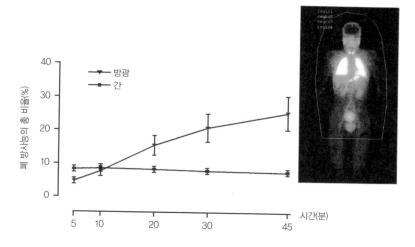

그림 18 PM 인체 흡입 실험 PM0.1이라고 불리는 0.1마이크로미터 이하의 초미세입자 크기의 물질을 흡입 후 60분이 지난 시점에 감마카메라로 촬영하였다.

하는 실험을 했다. PM 흡입 후 50~60분이 지났을 때에 전신을 촬영한 감마선 사진은 이미 모두의 이목을 끌기에 충분했다. 사진에서 형광 초록빛으로 보이는 PM은 불과 1시간여 만에 폐 전체에 퍼져 있었고, 뇌의 일부, 그리고 방광에까지 도달해 있었다. 호흡을 통해 인체에 들어간 PM이 세포벽을 뚫고 체내 장기 곳곳을 빠르게 침투할 수 있다는 것을 명확하게 보여준 것이다.

---

14 감마카메라는 외부에서 엑스선을 발생시켜 개체를 통과하게 하는 엑스선 검사와 컴퓨터단층촬영(CT)과는 달리, 먼저 감마선을 방출하는 방사성 동위원소나 방사성 동위원소가 표지된 화합물을 환자 또는 실험 대상에 투여한 후 방출되는 감마선을 이용하여 영상을 만드는 방법이다. 각 개체마다 방출되어 나온 감마선을 이용해 광자를 만들고, 이를 다시 광전자로 변환 및 증폭시켜 영상 신호를 만든 후 컴퓨터를 이용해 얻은 영상신호를 재구성한다.

앞서 살펴본 암 또는 여러 질환에 관한 내용은 현재까지 연구된 수많은 PM 연구 자료 중 극히 일부에 지나지 않는다. PM이 자살률과 우울증을 증가시킨다는 내용의 연구도 있고, 그 외 PM과 다양한 질병의 인과관계를 연구한 논문만도 연간 1,000건이 넘게 쏟아질 정도로 방대하다. 소화기 계통의 질병—소화불량, 위산과다, 변비, 설사, 과민성대장증후군 등—을 제외하고는 거의 대부분의 질병에 PM이 영향을 끼치는 것으로 드러나고 있다.

출생 직후부터 생존할 것으로 기대되는 평균 생존 연수를 '기대수명'이라고 한다. 오롯이 생명을 다해 살다가 사망한 경우만을 대상으로 하며, 자살이나 사고 사망자 등의 생존 기간은 계산에 포함하지 않는다. 1960년 한국의 기대수명은 52.4세, 일본은 67.8세, 미국은 69.9세였다. 60세 생일을 맞이하면 환갑잔치를 크게 열었고, 일단 오래 살고 보는 것이 모두의 염원이었다. 55년이 지난 2015년 한국의 기대수명은 82.4세, 일본은 83.7세, 미국은 78.8세다. 불과 반세기 만에 미국의 기대수명을 넘어섰고, 장수 국가로 유명한 일본에 근접한 수준까지 늘어난 것이다. 60세의 환갑잔치는 점차 간소해지고, 오히려 제2의 인생을 시작하는 출발점이 되었다. '100세 시대'가 가까운 미래로 성큼 다가왔지만, 이를 기분 좋게 맞이하기 위해선 철저한 준비가 필요하다. 급속히 늘어난 기대수명의 내면을 살펴보면 반드시 좋은 점만 있진 않기 때문이다.

기대수명보다 더 중요하게 살펴봐야 할 것이 바로 건강수명이다. 건강수명은 질병 없이 건강하게 살아가는 기간을 일컫는다. 일본의 건강수명, 즉 큰 장애나 질병 없이 독립 생활이 가능한 나이는 75세이다. 기대수명인 83.7세가 되기까지 약 8년의 투병 기간을 보낸다. 반면 한국의 건강 수명은 67세에 불과하다. 기대수명인 82.4세가 되기까지 약 15년의 투병 기간을 보낸다. 일본의 평균 투병 기간보다 두 배나 길다. 기대수명은 증가했지만 질병 없이 건강하게 살아가는 건강수명은 기대수명의 연장 속도에 훨씬 미치지 못하고 있는 것이다.

고령 사회는 적병積病 시대다. 여러 질병이 하나하나 계속 몸에 쌓인다는 의미다. 실제로 2011년 기준 우리나라 65세 이상 고령자는 1인당 평균 3.34개의 만성질환을 보유하고 있을 정도로 만성질환 유병률이 높다. 사망 전까지 10년 이상 질병을 앓는다는 것은 장수의 축복과는 거리가 멀어도 너무 멀다. 이제는 단순히 오래 사는 '수명의 길이'가 아니라 건강하게 오래 사는 '수명의 질'이 중요한 시대다. 그래서 노후에는 질병에 잘 견디는 신체의 내구력이 중요해진다.

버락 오바마 전 미국 대통령도 건강보험 개혁안을 홍보하면서 이렇게 힘껏 외쳤다. "인생은 단 한 번 뿐You only Live Once(YOLO)!"

인생은 단 한 번뿐이니 행복하게 살아야 하고, 행복하려면 무엇보다 건강해야 한다. 몸이 아프고 힘이 든다면 기대수명까지 살고자 하는 기대조차도 축복 아닌 불행이 된다. 건강수명을 늘리기 위한 기본 자세는 적어도 만병의 근원이라고 밝혀진 것들만큼은 생활에서 멀리하는 것이다. PM에 노출되는 시간을 줄이는 사소한 노력—공인 기관의 인증 받은 마스크 착용, 실내 공기 질 관리 등—만으로도 약 15년이라는 평균 투병 기간은 줄어들 것이다.

3장

고등어를 금지하라?

생활 속의 PM

굽고 튀기고 볶는 주방

대기 중 PM2.5 농도가 연일 '나쁨'과 '매우 나쁨' 사이를 오락가락하던 2016년 5월 23일, 언론과 인터넷 기사에 뜬금없는 '고등어 폭격탄'이 터졌다. 속사포처럼 쏟아지는 주요 기사 제목은 "고등어 구이 주의보", "콜록콜록 초미세먼지 1위 고등어 구이", "요리할 때 초미세먼지 발생 …… 고등어 구이 1위" 등으로 '고등어가 PM2.5의 주범'이라는 내용이었다.

이것은 환경부가 배포한 보도자료를 바탕으로 작성된 기사들로, 구체적인 내용은 충격적이었다. 환경부에서 실태 조사를 한 결과, 밀폐 상태에서 고등어를 구울 때, PM2.5가 '매우 나쁨' 기준치의 22배에 이르는 세제곱미터당 2,290마이크로그램(이하 $\mu g/m^3$), 1군 발암물질인 포름알데히드는 $324\mu g/m^3$, '휘발성 유기화합물'은 $40.13\mu g/m^3$ 발생했다는 내용이었다. 또 삼겹살을 굽거나 계란 프라이를 할 때에도 PM10이 각각 '매우 나쁨' 기준치의 10배가 넘는 $1,360\mu g/m^3$, $1,130\mu g/m^3$ 배출됐다고 했다.

환경부 관계자는 여기에 덧붙여 "김치찌개나 볶음밥, 돈가스 등 대부분의 요리 과정에서 '매우 나쁨' 기준치를 초과하는 미세먼지가 발생했다."고 말했다.

어민들과 수산물 유통업계는 즉각 환경부 발표에 반발했다. 뜬금없이 날아온 고등어 폭격탄에 생계가 박살났기 때문이다. 환경부가 "고등어 구울 때 PM2.5 발생이 많다."고 발표한 이후, 서울 가락동 농수산물시장에서 고등어 경매 낙찰 가격은 무섭게 하락했다. 실제로 상등품 고등어 10킬로그램(한 상자)의 평균 경매 낙찰 가격은 5월 23일 7만 3141원에서 5월 28일 1만 2770원까지 주저앉았다. 환경부 발표 이후 닷새 만에 무려 82퍼센트가 하락한 것이다. 밥상에서 고등어가 사라지면서 소비자 가격도 2주 만에 14.5퍼센트나 내려갔다.

국민 여론도 환경부에 뭇매를 들었다. 정부가 제대로 된 PM2.5 경감 대책을 내놓지는 못할망정 죄 없는 고등어 탓이나 하고 있다고 비판했다. 특히 SNS에서는 "소가 웃을 정책"이라거나 "환경부는 국민들 겁주지 말고 자동차 매연 줄이는 방법이나 연구해라." "환경부가 조만간 마른오징어 구이도 막는 정책을 내놓을 것"이라는 등 환경부를 비꼬는 글이 넘쳤다.

국민의 비판여론을 의식한 환경부는 6월 6일 해명자료를 내고, "언론은 물론 국민이 '고등어가 PM2.5의 주범'이라고 오해하는 측면이 있으며, 이는 당초 발표 의도와는 다르다."고 밝혔다. 환경부가 최초 보도자료에서 말하고자 했던 내용과 의도는 무엇이었을까? 왜 고등어는 PM10의 덤터기를 홀로 뒤집어쓰게 된 것일까?

환경부의 2016년 5월 23일자 보도자료, 〈요리할 때에는 꼭 창문을 열고 환기하세요!〉는 다음과 같은 안내로 시작됐다.

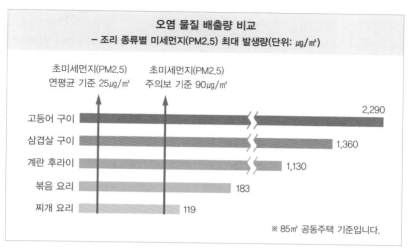

그림 19 환경부의 안내 브로셔 중 오염 물질 배출량 비교

요리할 때 미세먼지, 포름알데하이드 등 오염 물질 발생,
창문과 주방 환풍기로 동시에 환기하면 15분 내로 90% 이상 저감
대기 미세먼지 농도가 높은 날에도 요리할 때에는 환기 필요

또한 본문에서도 "직접 실험을 해보니 주방에서 요리할 때에도 PM2.5
가 많이 발생한다. 특히 고등어 구울 때 가장 많았고, 삼겹살, 계란 프라
이, 볶음밥 순이었다."는 내용이 이어졌다. 결론에서는 "조리할 때 주방
환풍기를 꼭 사용하고 요리 후 창문을 열어 환기하라."고 마무리 지으며
붙임자료로 '주방 요리시 오염 물질 저감 수칙 소책자'와 '주택 유형별
주방 요리시 오염 물질 발생 현황' 등을 열거하였다. 환경부 말대로, 보
도자료에서는 고등어 구이가 'PM2.5의 주범'이란 내용이 일언반구도 없
었다.

환경부의 실수는 단지 보도자료 배포 시점이 절묘하게 나빴다는 것이다. 고등어 해프닝이 발생하기 불과 며칠 전, 환경부는 이미 PM2.5의 주범으로 경유차를 지목한 바 있었다. 그리고 경유차의 사용을 막는 데 한계가 있으니 경유 가격을 인상하려는 의지를 언론에 표출했고, 난데없는 경유 가격 인상 논란에 떨어야 했던 서민들로부터 질타를 받던 터였다. PM2.5의 주범을 찾겠노라고 경유차 옆구리를 푹푹 찌르던 그 시기에 환경부로부터 고등어 구이 등 주방 요리가 언급되자 이번에는 "PM2.5의 주범=고등어 구이"라는 기사가 빠르게 확산된 것이다.

게다가 2016년 5월은 유독 대기 오염 농도가 '나쁨'과 '매우 나쁨'을 기록하는 날이 자주 발생했다. 그것도 하필이면 주말마다 반복된 탓에, 화창한 봄기운 속 야외 나들이를 기대한 사람들의 마음도 주말마다 무너져 내렸다. 국민의 불편과 원성은 폭발 직전에 다다랐는데, 환경부는 이렇다 할 PM2.5 경감 대책을 내놓지 못하던 때였던 것이다.

하지만, 군이 환경부의 보도자료 때문이 아니더라도, 실제로 밀폐된 실내에서 음식을 조리할 때는 PM을 매우 조심할 필요가 있다. 현재 한국에서 발생하는 폐암 환자는 한 해 약 2만 3000명으로 그중 남자가 1만 6000명, 여자가 7,000명이다. 2014년 국립암센터 자료에 따르면, 여성 폐암 수술 환자 중 약 88퍼센트, 즉 열 명 중 아홉 명가량은 평생 담배를 피우지 않는 것으로 확인됐다. 그중 최소 4,000명의 여성 비흡연 폐암 환자는 결국 사망에 이르렀다. 국내 여성 암 사망 원인 1위는 최근 급증하는 유방암·대장암도 아니었고, 전통적으로 많았던 위암도 아니었으며, 여성에게만 생기는 자궁경부암도 아닌, 비흡연 폐암이었다. 그동안 사회 전반적으로 '폐암은 흡연으로 인한 질환'이라는 인식이 강한 탓에 비흡연자들은 폐암 증상이 있어도 그 심각성을 무시하는 경향이 컸다.

비흡연 여성이 폐암에 걸리는 이유는 무엇일까? 아직 정확한 요인은 규명되지 않았다. 다만, 유전적 요인, 간접흡연, 라돈 등 화학물질, 실내 PM 등 복잡한 요인이 얽혀 있으며 이를 바탕으로 제기된 가설들이 여럿 존재한다. 최근에는 지금껏 간접흡연에 비해 상대적으로 간과되었던 실내 PM이 주목받고 있다. 특히 국제암연구소는 요리할 때 발생하는 연기와 PM이 암을 유발할 수 있다고 보고 있다. 2013년 3월 24일 발표된 중국의 대규모 역학조사에서도, '요리를 자주해' 미세입자(PM1, PM2.5, PM7, PM10 및 TSP)에 빈번하게 노출된 여성이 그렇지 않은 여성에 비해 폐암 발생률이 3.4~8배나 높다는 결과가 나왔다. 조사에 참여한 여성 폐암 환자들은 모두 비흡연자였다. 그들이 요리를 자주 하는 곳은 다름 아닌 주방이다. 흡연하지 않는 여성이라 할지라도 밀폐된 주방에서 요리하는 시간이 길 경우, 분명 폐암 발병률이 높아지는 셈이다.

엉뚱하게 터진 환경부 고등어 구이 보도자료에서 주목해야 할 점은 '고등어구이=PM2.5 주범'이 아닌, '고등어 구이=환기'였다. 수산업계가 한때 타격을 입기는 했지만 완전히 의미 없는 희생은 아니었다. 결과적으로 실내 PM에 대한 사회적 관심이 꽤 높아졌기 때문이다.

고등어와 삼겹살 중 어떤 것을 굽더라도 주방 환기 설비(레인지후드)를 켜지 않으면 안 될 수준으로 PM이 과하게—평소보다 10~70배 이상—발생한다는 것은 이미 다양한 실험으로 확인된 사실이다. 실내 조리법에 따른 PM 농도는 삶기, 튀기기, 굽기 순으로, 굽기가 가장 높다. 고등어냐 삼겹살이냐가 중요한 것이 아니라, 촉촉한 찜이냐 바삭한 구이냐 그것이 문제인 것이다.

다만, 지져 먹든 볶아 먹든 일단 가스 불을 켜기 전에 레인지후드부터 켜는 것은 필수다. 소리만 시끄럽고 별일 안 하는 것 같아 보일지 몰라

미세먼지(PM2.5)

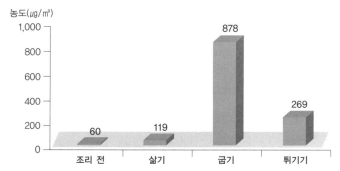

총 휘발성 유기화합물(TVOC)

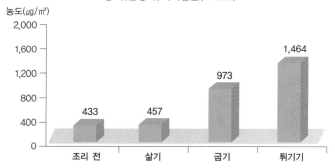

그림 20 조리 방법에 따른 오염 물질 농도(육류 조리시)

도, 후드를 켜는 것만으로도 조리시 발생한 오염 물질 농도를 최대 10분의 1로 줄일 수 있다. 조리가 끝난 후에도, 조리시 발생한 오염 물질은 여전히 존재하므로, 후드나 공기청정기를 30분 이상 틀어둘 필요가 있다.[15] 따라서, 평소에 레인지후드의 필터를 주기적으로 청소하는 것이 주방 관리의 기본이자 곧 건강 관리의 시작이라는 것을 명심해야 한다.

표 6 주방 환풍기 작동유무에 따른 오염 물질 농도(단위: ppm)

항목	육류 튀기기		육류 삶기		육류 굽기		생선 굽기	
	작동	미작동	작동	미작동	작동	미작동	작동	미작동
이산화질소	0.058	0.186	0.065	0.158	0.064	0.196	0.016	0.207
일산화탄소	2.2	14.1	1.8	6.1	2.7	11.3	2.3	6.0
이산화탄소	817	1,891	791	1,307	969	1,846	855	1,055

　"조리할 때 주방 환풍기를 꼭 사용하고
　요리 후 창문을 열어 환기하라."

환경부가 보도자료에서 제시한 권고사항이다. 하지만 중요한 전제 조건
이 누락됐다. 조리 후 무조건 창문을 열어 환기하는 것은 바람직한 행동
이 아니다. 전제 조건을 넣으면 다음과 같이 완성된다.

　"조리할 때 주방 환풍기를 꼭 사용하고 '대기질 상태가 '좋음/보통'일
　경우에 한해' 요리 후 창문을 열어 환기하라."

　창문을 열어 환기하는 방법은, 집 밖의 대기 오염도에 따라 결정해야
한다. 대기 오염 상태가 '나쁨'이나 그 이상일 때, 조리 후 환기를 위해 창

---

15 경험에 따르면, 고등어를 다 굽고 난 후 공기청정기를 틀 경우, 오염 농도가 낮아지는 쾌적함
　　을 얻는 대신, 그날 이후부터 공기청정기는 고등어 구이 냄새를 뿜어내기 시작한다. 공기청
　　정기의 필터가 전날 얼마나 많은 오염 물질을 흡착했는지 후각으로 즉시 판단할 수 있는 순
　　간이다.

문을 열면, 닭장 속 들쥐 잡겠다고 살쾡이 들여놓는 격이 된다. 조리 후 발생한 오염 물질만으로도 해로운데, 창문까지 열면 더 해로운 외부의 고농도 PM까지 마시게 되기 때문이다. 대기질이 나쁠 때에는 가능한 한 수분으로 찌거나 끓이는 조리법을 선택하는 것이 좋다.

청소기, 향초, 그리고 환기

담요, 이불, 매트리스가 정신 놓고 뜀뛰는 아이들에게 침대 위에서 호되게 당하고 있다. 하지만 곧이어 눈에 보이지 않는 방식으로 아이들에게 복수를 한다. 속에 품고 있던 갖가지 진드기 사체와 PM을 뿜어내는 것이다. 공기 중으로 나온 PM은 뛰어 노느라 숨이 가빠진 아이들의 호흡기 안으로 들어가 상처를 입힌다.

이것은 음식을 조리하는 것 외에 집 안에서 PM을 발생시키는 여러 사례 중 하나다. 이처럼 실내 PM은 생활 속 의식하지 못한 순간순간에 발생하게 되는데, 대표적으로 흡연, 연소형 난방기구 사용, 담요나 카펫 등 침구류 털기 등을 예로 들 수 있다. 이 밖에도 실내 환경을 가꾸기 위해서 하는 행동들이 정반대로 PM을 유발시키기도 한다. 진공청소기 사용이나, 향초를 켜 두는 것, 창가나 방충망을 마른 수건으로 닦는 것 등이 그 예다.

진공청소기는 빨아들인 공기를 배출하는 과정에서 잘게 부서진 초미세입자들이 빠져나와 집안을 다시 오염시킨다. 이렇게 발생한 PM은 총 면적이 늘어나 그만큼 물체에 닿는 부분이 많고, 체내에 들어오면 혈관 등에 작은 상처를 내는 등 2차 피해를 일으킬 수 있다. 따라서 헤파필터

High Efficiency Particulate Air filter(HEPA filter)가 장착되어 있는 진공청소기를 사용하는 것이 바람직하다. 매트리스와 침구류도 정기적으로 세탁하고 헤파필터가 장착된 청소기로 먼지를 빨아들이면 실내 PM 제거에 큰 도움이 된다.

향초의 경우, 대기질 상태가 나빠 환기를 자주 못할 때 실내 냄새를 제거하기 위해 사용하는 경우가 있다. 그러나 냄새는 좋아질지언정 연소 과정에서 실내 공기는 오히려 더 나빠지므로 향초는 그 원료가 무엇이든—천연이든, 친환경이든—밀폐된 실내에서는 사용하지 않아야 한다. 그 외 생활 중에 발생하는 PM은 공기청정기와 환기로 대처 가능하므로 대기질 상태에 따라 창문을 열거나 공기청정기를 사용해야 한다.

주말 아침, 모처럼 상쾌해진 날씨를 즐기며 집 안 창문을 모두 활짝 열고 구석구석 청소했는데, 저녁 무렵 방바닥을 슬쩍 닦아보니 회색 먼지가 묻어난다면? 대기질 좋음 상태를 믿고 창문을 열어뒀는데 이런 일을 경험했다면 집 주변에 PM을 발생시키는 곳이 있을 가능성이 높다. 그 정체가 무엇이고 집에서 얼마나 떨어진 곳인지도 확인해보아야 한다. 실제로 집안의 PM은 실내 구성원이 발생시키는 것보다 실외에서 유입되는 것이 더 문제이기 때문이다. 출입문 틈이나 창문 틈 등으로 들어오는 외부 PM은 토양(모래 먼지) 및 암석 조각, 황사, 산업체 분진(중금속 등), 자동차 타이어와 브레이크의 마모, 매연 등 발원지가 다양하고 대체로 건강에 직접적인 악영향을 끼치는 위험 물질로 구성되어 있다.

외부 PM은 대기 중에 오랫동안 떠다니며 집안으로 유입된다. 예를 들어, 자유침강Free settling —바람 등 외부의 작용 없이 중력에 의해서만 떨어지는 것—에 걸리는 시간 기준으로, 머리카락은 약 3~5초면 1미터 높이에서 땅 위에 떨어진다. 또 각질이나 꽃가루 등도 1분 이내에 가라앉

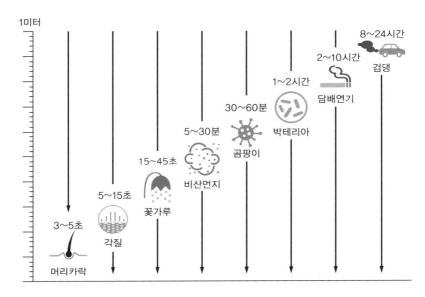

그림 21 바람의 영향이 없는 실내 공간의 입자 침강 시간

아 큰 문제가 되지 않는다. 그러나 검댕이나 중금속 PM 등은 최장 24시간 동안 공기 중을 유유히 떠다닌다. 이렇게 자유침강 시간이 오래 걸리는 PM은 건조한 바람이라도 불면 대기 중에 떠다니는 기간이 훨씬 길어진다. 특히, 2마이크로미터 이하의 미세한 PM은 풍향, 풍속, 습도 등 침강 방해 요소의 영향으로 대기 중에 수년간 날아다니다가 실내에 유입될 수도 있다.

바쁘고 피곤한 하루 일과의 종착지, 휴식과 위로를 안겨주는 개인 공간, 마음을 다독여주는 안식처로서 항상 아늑해야 하는 집이 PM으로 인해 자칫하면 건강을 해치는 공간이 될 수 있다.실내 공기질을 어떻게 관리하느냐에 따라 앞으로 다가올 삶의 질에도 장기간 영향을 미치는 시대다. 다만, PM으로 생활 속에서 겪는 스트레스나 암 등 각종 질환은 국민 개개인의 생활환경 개선 노력만으로 해결하기에는 한계가 있다. 집 안의 공기질 개선을 위해 아무리 노력한들 집 밖의 대기 자체가 오염 덩어리라면 무슨 소용이 있겠는가. 결국, 고농도 PM 문제는 국민 개개인의 노력에 앞서 정부와 국회가 풀어나가야 할 문제인 셈이다.

도로, 자동차를 잘게 갈아 마시는 장소

집이 있는 곳이라면 어디든 도로가 있게 마련이다. 그리고 도심 속 도로는 항상 PM으로 가득하다. 도로는 자동차 연료인 석유가 연소하면서 탄소 성분이 검댕으로 나오는 1차 먼지와 배기가스 속 화학물질이 대기 중의 다른 물질과 만나 생성되는 2차 먼지, 그리고 이것들보다 더 위험하고 치명적인 극초미세입자까지 활보하는 곳이다. 그럼에도 지금껏 경유차—엄밀하게는 선택적 환원 촉매장치Selective Catalytic Reduction(SCR)[16]를 부착하지 않은 노후 경유차—의 배기가스를 타깃으로 삼은 지적은 있었어도, 도로에서 발생하는 PM 자체에 대해선 제대로 살펴본 적이 없었다. PM에 대한 국민적 관심이 높아졌음에도 여전히 수면 아래에 잠겨 있을 정도로 무관심 속에 방치되어 있다.

도로 위의 주요 PM2.5 배출원은 바로 자동차 부품인 '브레이크 패드 및 라이닝', 그리고 '타이어'다. 자동차가 도로 위를 달리면 마찰로 인

---

16 요소수를 사용하여 질소산화물을 질소와 물로 분해하는 장치이다.

해 아스팔트와 타이어, 그리고 브레이크 패드 및 라이닝이 마모되면서 PM2.5가 대량 발생한다. 타이어 PM은 수은, 납, 카드뮴, 6가크롬(Cr^{6+}) 등 발암 중금속을 포함하고 있는 데다 굉장히 미세하다. 또 차량 속도를 줄이거나 정지할 때 브레이크 패드와 디스크가 서로 마찰해 발생하는 PM2.5의 양도 상당하다. 게다가 아스팔트 자체가 타이어와의 마찰로 마모되어 발생하는 PM도 적지 않다. 이처럼 도로 위는 다양한 부위에서 발생한 PM들이 모이고 또 모여 일종의 거대한 PM 저장소 역할을 하고 있으며, 1제곱미터당 수백 억 개의 PM이 상존하고 있다. 차량이 지날 때마다 PM이 공중으로 날리고 또 날리며 호흡기 안으로 들어오게 된다.

고무와 중금속의 결합체, 타이어

타이어는 보기보다 복잡한 고무 혼합물이다. 타이어의 정확한 구성 물질은 상업적인 이유로 공개되지도 않고 있다. 일반적으로 차량용 타이어는 천연 고무가 15퍼센트 정도, 합성 고무가 약 80퍼센트 이상을 차지한다. 여기에 금속과 각종 첨가제가 혼합되어 있다. 고무의 물리적 및 화학적 성질을 변화시키기 위해서는 가황 공정—고무의 탄성·내열성·내약품성·신장성을 늘리기 위하여 생고무 또는 디엔diens 계열 합성 고무에 황을 섞어 가열하는 일—을 거치는데, 이 과정에서 아연산화물(ZnO)이 매우 중요한 첨가제 중 하나로 사용된다. 그래서 타이어 마모로 인해 발생하는 PM의 성분을 분석하면, 아연의 비율이 유독 높게 나온다.

타이어 마모는 운전 습관, 타이어 위치, 차량 견인 구성, 타이어 재료 특성, 도로 표면 상태, 날씨 등의 여러 요인에 따라 크게 달라진다. 경주용 차량과 같은 고성능 타이어는 수명이 대략 1만 킬로미터 정도이고 일반 자동차의 타이어 수명은 5만~6만 킬로미터 정도다. 이 기간 동안 타

표 7 타이어의 금속 성분: 소각된 타이어 한 개의 재를 분석한 결과

종류	중량백분율
아연(Zn, 30)	51.48%
납(Pb, 82)	0.22%
철(Fe, 26)	6.33%
크롬(Cr, 24)	0.03%
구리(Cu, 29)	0.55%
니켈(Ni, 28)	0.03%
카드뮴(Cr, 48)	0.05%
비소(As, 33)	0.02%
알루미늄(Al, 13)	0.76%
마그네슘(Mg, 12)	0.50%
소듐(Na, 11)	0.01%
포타슘(K, 19)	0.01%
과산화마그네슘(MgO2)	0.36%
주석(Ti, 50)	0.03%
실리콘(Si, 14)	6.85%
탄소(C, 6)	32.20%

표 8 타이어 마모 물질 배출량에 대한 유해 성분(국내, 2010년)

유해 성분	납(Pb)	수은(Hg)	카드뮴(Cd)	크롬(Cr)	아연(Zn)
배출량	220.94kg	0.32kg	30.39kg	27.18kg	208,739kg

이어는 총 무게의 10퍼센트 정도를 마모시킨다. 타이어 마모 관련 연구 결과에 따르면, 타이어가 수명을 다하기 전까지 마모되는 물질의 총량은

그림 22 새 타이어(왼쪽)와 마모 타이어(오른쪽)의 비교

차량마다 다르긴 하지만 자동차는 약 1~1.5킬로그램, 트럭이나 버스는 최대 10킬로그램이나 된다. 이 무게만큼의 타이어를 PM으로 만들어 도로 위로 날려버리는 것이다.

　최근 들어, 타이어 마모 PM의 위험성을 강조한 연구가 늘고 있다. 일례로 2015년 8월, 포드가 국제연합 유럽경제위원회(UNECD)의 입자상물질측정프로그램Particle Measurement Program(PMP) 그룹에 제출한 〈현실 조건 하에서의 경량 자동차의 비-배기가스 입자 배출 조사Investigation of Non-Exhaust Particle Emissions Under Real World Conditions From a Light Duty Vehicle〉 보고서에 따르면, 타이어가 마모될 때 발생하는 입자는 PM의 기준으로 사용하는 마이크로미터보다 1,000배나 더 작은 나노미터 단위의 극초미세입자라고 밝혔다. 1나노미터는 0.001마이크로미터이므로, PM으로 표기하면 PM0.001이 된다. 연구진들이 파악한 크기는, 타이어 종류별로 편차는 있지만, 평균 15~50나노미터로, PM으로 변환시 PM0.015~PM0.05에 달한다. 흡입시 코를 통해 뇌와 혈관에 침투할 정도로 작은 사이즈라고 그 위험성을 극구 강조했던 PM2.5도 이들 앞에서는 거대하다. 즉 타이어 마모로 생긴 극초미세입자는 PM2.5도 엎드려절할 만큼 인체에 치명적인 물질인 것이다.

아연, 납 가루로 흩날리는 브레이크

자동차 브레이크는 작동 방식에 따라 두 가지 종류, 드럼 브레이크drum brake와 디스크 브레이크disc brake로 나뉜다. 각각의 작동 방식에 따라 '패드'와 '라이닝'이 마찰재로 쓰이며, 타이어와 함께 도로 위의 주요 PM 유발원으로 손꼽힌다.

먼저, 드럼 브레이크는 근래에 버스나 트럭 등을 제외하고는 점차 사용이 줄어드는 추세인 1세대 브레이크다. 이름 그대로 납작한 드럼 모양으로 생겼는데, 밀폐형으로 만들어진 드럼 안에 통상 두 개로 구성된 제동자brake shoe(브레이크 슈)—차량의 마찰 제동에서 차륜을 누르는 부품—가 있고, 여기에 라이닝lining이 붙어 있다. 브레이크 라이닝은 마찰재로, 납과 납 화합물이 성능 강화제로 들어가고, 그 외 철, 구리, 크롬, 아연 등여러 종류의 금속 원소들로 만들어진다. 제동자의 한쪽을 기준으로 다른쪽 끝을 피스톤으로 밀어내 라이닝과 드럼에 접촉시키는 방식으로 제동력을 얻는다.

한때는 제동력도 좋고, 이물질의 유입도 적다는 장점 덕에 대부분의 차량에 드럼식 브레이크가 적용되기도 했다. 그러나 밀폐된 드럼 내부에서 발생한 마찰열이 빠져나가지 못해 라이닝과 드럼의 과열로 제동력이

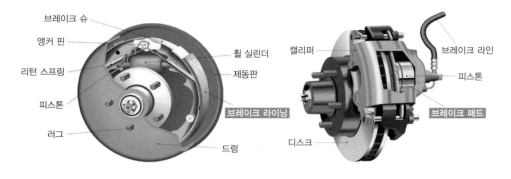

브레이크 슈
앵커 핀
휠 실린더
리턴 스프링
제동판
피스톤
러그
브레이크 라이닝
드럼

캘리퍼
브레이크 라인
피스톤
브레이크 패드
디스크

그림 23 드럼 브레이크(왼쪽)와 디스크 브레이크(오른쪽)의 구성

떨어지는 페이드fade 현상과 기포가 발생하는 베이퍼록vapor lock 현상이 일어나기 쉽고, 물 같은 이물질이 라이닝의 마찰면에 묻었을 때 제동력이 떨어지는 등 여러 단점 때문에 브레이크 시장에서 밀려나고 있다.

한편, '2세대 브레이크'라고 할 수 있는 디스크 브레이크는 밀폐형인 드럼 브레이크와는 달리 노출형이다. 캘리퍼형 브레이크라고도 하며 바퀴와 함께 회전하는 디스크, 패드, 캘리퍼로 구성되어 있다. 디스크의 양쪽에 위치한 패드pad가 마찰재 역할을 하며, 이 패드를 유압으로 눌러 제동력을 얻는다. 브레이크 패드는 일반적으로 금속산화물이 80퍼센트 정도인 메탈릭 패드metallic pad와 금속산화물이 30~60퍼센트 이내인 세미 메탈릭 패드semi metallic pad가 주종을 이루고 있다.

디스크식 브레이크는 통풍이 원활하고 점검 및 탈장착이 용이하다는 장점이 있어서 보통 승용차, 경트럭 및 소형 버스 등의 앞바퀴(전륜)에 사용되며, ABS를 장착한 승용차의 경우에는 뒷바퀴(후륜)에도 사용된다. 최근에는 3.5톤 이상의 대형 차량에도 디스크식 브레이크를 장착하기 위

표 9 브레이크 패드 마모 물질 배출량에 대한 유해 성분(국내, 2010년)

유해 성분	납(Pb)	수은(Hg)	카드뮴(Cd)	크롬(Cr)	아연(Zn)
배출량	15,790kg	13kg	19kg	3,047kg	71,757kg

표 10 타이어, 브레이크 및 도로 표면 마모 배출량(2007년)

(단위: 톤ton/년)

지역	PM10 배출량			PM2.5 배출량		
	타이어	브레이크	도로 표면	타이어	브레이크	도로 표면
합계(수도권)	1,398.8	2,190.8	1,332.9	979.1	871.8	719.8
서울	436.2	665.0	398.2	305.4	264.7	215.0
인천	154.6	239.6	145.7	108.2	95.4	78.7
경기	807.9	1,286.2	789.0	565.5	511.8	426.1

한 연구가 진행되고 있다.

두 종류의 브레이크에서 각각 마찰재로 쓰이는 라이닝과 패드는, 타이어와 마찬가지로 주행시 마찰로 인해 발생하는 중금속 등 PM을 도로에 그대로 배출한다. 대기 오염은 물론이고 하수도로 유입돼 상수원과 토양까지 오염시키는 심각성이 있다. 2012년 환경부 산하 수도권 대기환경청이 수행한 '타이어 및 브레이크 패드 마모에 의한 비산먼지 배출량 및 위해성 조사'에 따르면, 국내의 경우 브레이크 패드에 대한 연구는 전무한 상태이고, 유럽의 문헌 자료를 이용해 국내 브레이크 패드에 대한 양을 산정하였더니, 납 1만 5790킬로그램, 수은 13킬로그램, 카드뮴 19킬로그램, 크롬 3,047킬로그램, 아연 7만 1757킬로그램이 도로에 배출된 것으로 계산됐다. 총 무게가 무려 90톤에 달한다. 브레이크 패드 역시 타이어와 마찬가지로 아연이 많이 배출되었으며, 특히 납은 타이어보다 72배나 많이 배출되어 이에 대한 관리 대책이 시급한 것으로 분석되었다.

한편, 교통안전공단에서 작성한 2006년에서 2010년까지의 자동차 주행 거리 실태 분석 보고서에서 분석한 결과, 타이어 및 브레이크 패드 마모 물질 배출량은 승합차가 0.4퍼센트 감소한 것을 제외하고는, 승용차, 화물차, 특수차가 각각 2.8퍼센트, 0.3퍼센트, 3.6퍼센트로 증가한 것으로 나타났다. 이 증감률을 이용하여 2024년까지 타이어 및 브레이크 패드 마모 물질 배출량 전망을 예측한 결과, 2024년에는 2010년에 비해 타이어 및 브레이크 패드 마모 물질이 각각 약 81퍼센트나 증가할 것으로 추산되었다. 2006년에 1500만 대였던 국내 자동차 수는 10년 만인 2015년에 2000만 대를 넘어섰다. 도로에서 발생하는 PM이 증가한 것도 지극히 당연한 결과라고 볼 수 있다.

사라지지 않은 석면 가루

일부 브레이크 패드 및 라이닝에는 1군 발암물질인 석면이 포함되어 있기도 하다. 한국산업안전보건공단 산하 산업안전보건연구원의 〈석면대체재 표시성분 신뢰도 조사연구〉에 따르면, 2008년 국내에서 생산된 다섯 개 회사의 자동차용 브레이크 라이닝 13종을 분석한 결과, 대형 화물차용 브레이크 패드 한 종에서 석면이 1퍼센트 이상 검출되었으며, 2007년 수집된 자동차용 브레이크 라이닝 한 종에서는 1퍼센트 미만의 투각섬석(석면의 한 종류)이 함유되어 있었다. 2006년 수집된 기차용 제륜자 brake shoe, 디스크 패드(라이닝) 등 10종을 분석한 결과에서는 국내산 다섯 종 중 세 종에 백석면이 1퍼센트 이상 함유되어 있던 것으로 나타났다. 수도권 대기환경청의 2012년 11월 조사 보고서에도 일부 특수 차량에서 석면이 사용되고 있는 것으로 확인됐다.

표 11 **석면의 종류 및 주요 특성**

종류	주요특성	형태	색상	용도

백석면
(chrysotile)
	– 전기가 통하는 것을 막는
	  성질이 뛰어남
	– 독성이 강함
		– 곱슬곱슬한 모양
		– 가늘고 부드러우며
		  잘 휘어짐
			백색
			황색
			녹색
				건축자재, 마찰재
				등에 두루 사용

청석면 (crocidolite)	– 가장 강도가 강함 – 산에 부식되지 않는 성질이 강함 – 가장 독성이 강함	– 곧은 모양	청색	브레이크의 마찰재 등
갈석면 (amosite)	– 열에 강함 – 외부 압력에 쉽게 부스러짐	– 곧은 모양	담황색 갈색	시멘트, 단열재, 지붕재 등
직섬석석면 (anthophylite)	– 외부 압력에 쉽게 부스러짐	– 곧은 모양 – 절단된 파편 형태	백색 담갈색 녹색	타일
투각석석면 (actinolite)	– 외부 압력에 쉽게 부스러짐	– 곧은 모양 – 절단된 파편 형태	백색 담갈색	뿜칠
녹섬석석면 (actinolite)	– 외부 압력에 쉽게 부스러짐	– 곧은 모양 – 절단된 파편 형태	담록색	거의 사용 안함

한국에서는 2006년 9월부터 석면 함유량이 제품 중량의 1퍼센트를 초과하는 석면 제품의 사용이 금지되었다. 2007년에는 석면 함유량이 제품 중량의 0.1퍼센트를 초과하지 않도록 했고, 석면이 함유된 마찰재 5종의 수입·제조·사용이 전면 금지되었다. 2009년에는 잠수함 미사일용 석면 개스킷, 석면 단열 제품 등 대체품이 개발되지 않은 일부 제품을 제외하고는 석면 제품의 제조와 사용이 금지되었고, 2015년 4월 1일부터는 대체품이 없더라도 석면이 함유된 제품을 사용하지 못하도록 전면 금지했다.

그럼에도 여전히 석면은 도로와 인도에서 맹위를 떨치고 있다. 환경부의 〈2016 석면함유가능제품 유통실태 조사결과〉에 따르면 시중에 유통되는 오토바이, 전기자전거, 전동 킥보드의 브레이크 패드에서 석면이 사용된 것으로 확인되었다. 최근 이용이 급증하고 있는 전기자전거나 특히 아이들이 많이 타는 전동 킥보드는 기준치의 5배에서 최대 15배까지 검출되기도 했다. 이는 오토바이 브레이크 패드의 석면 검출량인 3~5배보다 훨씬 높은 수치다. 석면이 사용된 브레이크 패드는 대부분이 중국에서 수입한 제품이었다.

석면은 명백한 위해성 물질이고 적은 양에 노출되어도 악성중피종(흉막, 복막 등 신체 내부 장기를 덮는 보호막인 중피에 발생하는 종양)이 발병하여 1년 이내에 사망할 수 있다. 한때는 '기적의 물질[17]' 또는 '마법의 물질'로 불릴 만큼 산업적으로 장점이 많고, 저렴해서 업계 전반에 널리 쓰인 물질이다. 특히 자동차는 물론 경운기, 오토바이, 자전거나 철도의 브레이크 패드에도 마찰재의 원료로 사용되었으며, 그 비중도 약 30~40퍼센트에 달할 정도였다. 주변에서 사라진 줄만 알았던 석면이 아직도 일부 자동차 브레이크와 이륜차에서 사용되고 있고 대기 중에 방출되고 있다는 건, PM의 양이 많고 적음을 떠나 도로가 얼마나 위해성이 많은 물질로 가득한지를 가늠할 수 있게 해준다.

---

17 석면의 섬유가닥은 매우 가느다랗지만 잘 끊어지지 않아 옷감처럼 베로 짤 수 있으며 부드럽다. 석면은 화학적으로 안정적인 구조를 갖고 있기 때문에 열과 화학약품에 강하다. 불에 잘 타지도 않고 전기가 잘 통하지 않고 잘 닳지도 않는다. 증발하지 않고 물에도 녹지 않으며 썩지도 않고 변질되지도 않는다. 게다가 자연에서 쉽게 얻을 수 있어 값도 매우 저렴하다. 이와 같은 특성 때문에 석면은 산업적·상업적 가치를 높게 인정받았다. 실과 천으로 만들 수 있는 섬유성, 뜨거운 열에 잘 견디는 내열성 중 한 가지 특성만 지니고 있어도 대단한 광물로 인정받을 수 있었기 때문이다. 석면은 그런 특성을 한꺼번에 갖고 있으니 매우 유용한 광물로 각광받았다.

교통 요지의 역습

도심 속의 PM 공장, 자동차 도로

하늘이 쾌청하고 구름 한 점 없는 날씨임에도 서울의 많은 도로는 수시로 PM2.5와 PM10 '매우 나쁨' 단계를 가뿐히 넘긴다. 실제로 2016년 5월, 교통량이 많은 서울 지역의 도로 PM2.5 측정 결과는 세제곱미터당 731 마이크로그램에서 무려 920마이크로그램을 나타내기도 했다. PM10 '매우 나쁨' 단계 기준인 시간당 150마이크로그램의 여섯 배가 넘는 수치다.

교통량이 많기로는 전국에서 1등인 서울의 '강남대로 한남 IC→한남대교(강남대로의 북쪽 끝 840미터가량)' 구간은 하루 평균 16만 1741대의 차량이 이동한다. 즉 한남대교를 통해 한강 건너 강북으로 가는 편도 차량만 하루 16만 대라는 의미다. 한남 IC에서부터 도로 위에 중형 승용차 16만 대를 한 줄로 줄줄이 세울 경우, 총 거리 780킬로미터로, 서울에서 목포를 거쳐 서해안 완주하고, 부산을 지나 남해안 완주하고, 포항까지 가서야 동해안 3분의 1까지 도달한 16만 번째 마지막 자동차를 보게 된다. 한남IC에서 대기 중인 첫 번째 차부터 포항에 세워둔 마지막 차까지 16만 대 모두가 24시간 이내에 해당 구간을 지나는 일이 매일 반복되고 있는 것이다.

강남대로가 지나가는 서울의 강남구는 하루 교통량이 189만 대로, 다른 자치구보다 평균 세 배나 많다. 2016년 강남구에 등록된 차량은 24만 2348대 정도다. 차량을 리스나 렌트한 경우를 제외한다면, 강남구 밖에서 들어왔다가 업무를 보고 나가는 차량이 하루에 165만 대가량인 셈이다. 순수 통과 차량만 해도 42만 대에 달하다 보니 광역 교통과 내부 교통이 뒤죽박죽이라 늘 교통 체증이 발생하고 도로 기능도 저하돼 있다.

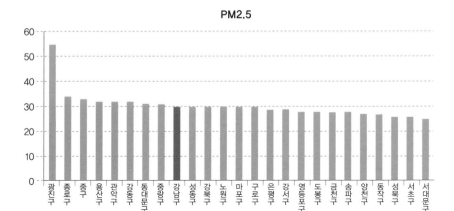

PM2.5

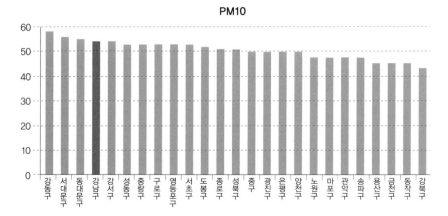

PM10

그림 24 2016년 12월 서울시 자치구별 PM2.5, PM10 평균 농도(μg/㎥)

강남구의 자동차 연평균 통행 속도는 서울 전체의 평균 시속 26.4킬로미터를 밑도는 24.4킬로미터다. 차량 속도가 나질 않으니 도로 위에서 찔끔찔끔 지그시 액셀을 즈려밟으며 PM을 발생시킨다. 강남구에 공업단지나 석탄 화력발전소가 자리 잡고 있는 것도 아니고, 대단위 아파트 단지와 고층빌딩이 즐비한 주거 및 상업 밀집 지역임에도 유독 주변의 다른 구보다 PM 농도가 높은 이유는 이렇게 엄청나게 많은 차량 통행량 때문이다.

실제 도심에서 조사한 결과, 맑은 날씨임에도 대형버스 뒤를 따라갈 땐 PM2.5 농도가 '매우 나쁨' 단계인 118$\mu g/m^3$를 기록했고, 시커먼 매연이 뿜어져 나오는 트럭 뒤에선 '매우 나쁨' 기준치를 무려 여섯 배 이상 넘긴 652$\mu g/m^3$이 나오기도 했다. 차량 내부 냄새 때문에 환기를 하지 않을 수 없는 상황이라면, 도심 진입 전이나 통행량이 적은 지역에서 미리 환기를 충분히 하고, 도심 진입 후에는 내부 공기 순환 버튼을 눌러 외부 공기 유입을 차단해야 한다. 차량에 머무는 시간이 많거나, 건강관리에 부지런한 운전자라면 차량용으로 제작된 공기청정기를 들이는 것도 고려해볼 필요가 있다. 차량의 지붕을 접었다 폈다 할 수 있는 컨버터블 차량, 일명 '오픈카'를 몰고 다니는 운전자는 더욱 세심한 주의가 필요하다. 차량이 많은 도심 속에서 외부 공기를 차 안으로 유입시키거나, 창문 또는 지붕을 열고 운전하면 차에 탄 사람들의 코와 폐가 곧 과부하 걸린 공기청정기 필터가 되는 셈이다.

숲에서 불어온 상쾌한 바람을 느끼기 위해 도심 외곽 산길로 드라이브를 나섰을 때에도 앞에 주행하는 차종이 모조리 천연가스버스(CNG 버스) 또는 순수 전기차가 아닌 이상, 내부 공기 순환 기능을 꺼두거나 창문을 여는 것은 좋지 않다. 오르막길이 많은 산속 도로 특성상 앞 차가 뒤로 내뿜는 매연 속 아황산가스나 이산화질소, 납 등 PM2.5의 중금속 성분이 고스란히 유입되기 때문이다. 교차로 또한 신호 대기 중인 차량들이 오래 정차해 있는 지점에 가까울수록 PM2.5 농도가 높으므로 출퇴근 시간과 차량 정체시 외부 공기는 차단하는 것이 바람직하다. 교통량이 많은 도심을 자주 왕래하는 자동차나 운전을 장시간 하는 택시, 유아를 태우는 유치원, 학원 차량 등은 필터 성능을 고려하는 것이 무엇보다 중요하다. 일반적으로 에어컨/히터의 에어필터는 1년에 2회, 또는 1만 킬로미터 주행 마다 교체를 권장하고 있으나 이것만으로는 문제가 해결되지 않는다. 아직 차량용 에어필터까지 등급을 따지는 사용자가 많지 않기 때문이다. 극소수의 고급 차량은 에어컨/히터용 에어필터에도 헤파필터를 차용하고 있어 실내로 유입되는 PM2.5를 차단하지만, 절대다수 차량의 에어컨/히터용 에어필터는 헤파 등급을 받지 않은 필터를 사용하고 있다. 때문에 내부순환 모드를 선택하더라도 PM2.5의 실내 유입을 막기에는 역부족이게 된다. 실제로 교통안전공단의 실험 결과, PM2.5가 '나쁨' 수준인 날 창문을 모두 닫고 운전했을 때 차내 PM2.5 농도는 $35.6\mu g/m^3$로 기준치를 상회하는 것으로 나타났다. 따라서 PM2.5를 제대로 걸러줄 수 있는 에어컨/히터용 에어필터를 장착해야 한다.

이처럼 많은 도로가 이미 운전자의 건강을 위협하는 PM2.5의 공간으로 변한 지 오래되었다. 2011년 서울에서 발생한 PM2.5가 2,732톤에 달하는데, 이 중 '도로의 날림먼지'와 '자동차 등의 교통수단'이 차지하는 비율이 각각 38.9퍼센트와 28.8퍼센트로 절반 이상을 차지한다.

값비싼 교통 요충지에 사는 대가

WHO의 PM2.5 권고 기준은 일평균 $25\mu g/m^3$이다. 그러나 도로 주변에 살고 있다면 이야기가 달라진다. WHO의 권고 기준을 훨씬 밑돌거나 다소 높은 $10\sim30\mu g/m^3$ 사이의 PM2.5 농도에도 장기간 노출될 경우엔 폐암 발병이 증가한다는 연구 결과가 있기 때문이다. PM2.5에 장기간 노출될 경우 각종 질병의 발병률과 조기 사망률이 높아진다는 연구도 여

럿 존재한다. 한마디로, 도로변에 살면 낮은 PM2.5 농도에도 수명이 단축된다는 의미다.

WHO의 PM2.5 권고 기준치인 일평균 $25\mu g/m^3$가 미국($35\mu g/m^3$), 일본($35\mu g/m^3$), 캐나다($30\mu g/m^3$)보다 더 낮은, 지구에서 가장 엄격한 PM2.5 기준치라는 사실을 유념해서 보아야 한다. 반면, 2017년 기준 한국의 PM2.5 일평균 기준치는 $50\mu g/m^3$이다. $10{\sim}30\mu g/m^3$에도 폐암 발병 가능성이 높아지는 도로변 거주자에게는 의미 없을 만큼 느슨한 기준인 셈이다. 결국, 도로변 거주자가 자발적으로 저농도 PM2.5에도 경각심을 갖는 수밖에 없다.

주거지의 PM 농도가 평생 건강을 좌우한다는 것을 누구보다도 잘 알고 있고, 실시간으로 경험하고 있는 사람들이 있다. 중국에 사는 사람들이다. 중국의 PM은 우주에서도 선명하게 관측될 정도로 심하고, 도로 주변에 사는 여덟 살 여아가 배기가스의 PM2.5에 의해 폐암에 걸린 사례도 보고된 바 있다. 베이징의 경우, 2017년 중반 기준으로 소득 대비 주택 가격 비율이 42.20로 세계 1위다. 34위(17.47)인 서울보다 2.5배나 높을 정도로 부동산 가격이 폭등하는 곳이지만, PM만큼은 무시하지 못해 집값에 마이너스 요소로 반영되고 있다. 교통량이 많은 베이징 동남부 지역의 경우 대기질이 좋지 않아서 조건이나 편의시설 수준이 비슷한 베이징의 다른 지역 아파트보다도 상대적으로 가격이 낮게 책정되는 식이다.

한국의 경우, 도로변 거주자의 비율이 얼마나 될까? 한국인이 가장 선호하는 주거 형태는 아파트다. 또 일명 '잘나가는 아파트'가 되기 위한 조건 중 절대 빠지지 않는 것이 바로 '사통팔달, 교통의 요충지'다. 교통의 요충지란, 한편으로는, 상시적인 대기 오염 고농도 지점이기도 하다.

표 12 학여울역 사거리 차종별 교통량(영동대로축 중차량 비율)

교차로명	차종별 교통량 (대/6시간)						총계 (대/6시간)
	승용차	버스		화물			
		소형	대형	소형	중형	대형	
학여울역 사거리	39,803	1,150	1,491	2,571	316	10	45,341
우성아파트 사거리	38,230	823	1,310	1,930	218	5	42,546
휘문고 사거리	34,206	628	1,375	1,930	170	2	38,311
삼성역 사거리	52,918	1,331	3,274	2,658	306	2	60,489
코엑스 사거리	43,252	985	1,822	2,574	287	9	48,929
경기고교앞 사거리	39,169	931	1,357	2,172	256	4	43,889
영동대교남단 삼거리	47,028	1,318	1,144	2,960	320	6	52,776
합계	294,606	7,166	11,773	16,825	1,873	38	332,281
차종 구성비(%)	88.66	2.16	3.54	5.06	0.56	0.01	100.00
중차량 비율(%)	4.11%						

5000만 대한민국 국민 중 절반에 해당하는 사람이 아파트에 거주하고 있다. 또 5000만 대한민국 국민 중 절반에 해당하는 사람이 수도권에 거주하고 있다. 수도권에는 전국 아파트의 절반이 모여 있는데, 그중에서도 서울 강남구는 서울 아파트 연평균 매매가 1위를 수년째 지키고 있는 부동의 '대국민 선호 주거 지역'이다. 강남구는 명실상부한 교통의 요충지답게, 아파트단지로 이루어진 주거 밀집 지역을 관통하는 크고 넓고 긴 도로가 매우 많다. 남부순환로(왕복 6~10차로), 영동대로(왕복 10~14차로), 언주로(왕복 6~10차로), 선릉로(왕복 6차로), 삼성로(왕복 4~8차로) 등 큰 도로들은 단지 크기만 할 뿐 아니라 교통량과 정체량도 어마어마하다. 하루 교통량이 무려 10만 대 이상인 이 거대 도로들에서 불과 3~5미터도 되

그림 25 **학여울역 사거리의 위성 및 스트리트뷰** 6시간 동안 약 4만 5000여 대의 통행량을 기록한다.

지 않는 거리에 주거 공간이 있다. 한마디로 건강에는 끔찍이 나쁜 환경에 있는 아파트가 한국에서는 가장 비싸게 매매되고 있는 것이다.

매일 아침 출퇴근 시간, 많은 교통량 때문에 상습적으로 정체되는 통행량 10만 6000대의 남부순환로와 통행량 7만 3000대의 언주로는 매봉터널 사거리에서 절묘하게 교차하는데, 이곳에 위치한 아파트와 오피스텔 들은 대로에 직접 닿아 있다. 또한, 학여울역 사거리는 남부순환로와 영동대로가 교차하는 곳으로, 6시간 동안 4만 5341대가 이 교차로를 지나는 것으로 확인됐다. 이마저도 2012년의 통계이기 때문에, 현재는 이보다 더 늘어났을 것이 분명하다.

사거리다 보니 주행하는 동안 발생하는 PM뿐 아니라 신호대기 등으로 정차하는 동안 발생하는 PM의 양도 상당할 수밖에 없다. 그럼에도 학여울역 사거리를 둘러싸고 있는 대단위 아파트들은 PM을 조금이라도 막아줄 방음벽 같은 것이 없다. 교통량이 많은 잠실역 사거리나 고속터

미널역 인근의 아파트들도 학여울역 사거리의 아파트들과 크게 다를 바 없다. 엄밀히 말해, 국내 대부분의 도심 속 아파트가 이런 위험한 위치에 PM으로부터 방치된 채 세워져 있다. 도심 속 차량의 PM 농도를 낮출 방법이라고는 주요 도로를 지하로 옮기거나, 매연 저감 차량만 통행 가능하도록 차량 진입을 제한하거나, 비가 속 시원하게 자주 내려주거나, 그마저도 어려우면 바람이라도 강하게 불어주길 바라는 것 외엔 별 도리가 없는 실정이다.

교통량이 많은 대로를 따라 병풍처럼 늘어선 강남의 대단위 아파트 지역 주변은 온종일 수십만 대의 차량에서 발생한 PM이 모이고 모여, 저녁 8시부터 10시 사이에는 그 농도가 절정에 달한다. 주로 귀가 후 개인 생활에 보내는 시간대인 만큼, 집에서 창문을 열어 환기를 한다거나, 집 주변 실외에서 운동을 하는 것은 PM을 적극적으로 흡입하기 위해 애쓰는 행동에 가깝다고 할 수 있다. 특히, 옷에 달라붙은 중금속 PM은 세탁을 해도 없어지지 않고 남아 인체로 유입되는 주요인 중 하나다.

이 같은 도로의 상시적인 대기 오염 발생원은 오직 '자동차'뿐이므로 북서풍 등 계절성 요인에도 영향을 크게 받지 않는다. 따라서 날씨가 쾌청하다거나 남동풍이 불어오는 여름철이 되어도 고농도 PM이 지속된다. 또 교통량이 유독 밀집된 곳에 자리한 아파트 주변은 PM 농도가 비정상적으로 높은 핫스팟hot spot이 존재할 가능성도 높다.

가장 안타까운 것은, PM이 고농도라 할지언정 차량에서 발생한 오염 입자는 매우 미세하여 눈으로 확인되지 않기 때문에, 또 체내 장기 손상도 미처 느끼지 못하는 사이에 진행되기 때문에 교통량이 많은 지역에 거주하는 대다수의 주민은 오염에 노출된 상태를 인식하지 못한다는 것이다. 자발적인 문제 인식에 어려움이 있으니 당연히 개선 또는 해결

방안에 대한 논의 또한 형성되지 못하고 있다. 설사, 오염된 환경을 인식을 했다 하더라도 부동산 가치 하락 등이 염려되어 이를 함구한다면, 결국 가장 큰 피해는 어릴 때부터 고농도 PM을 흡입하여 미성숙한 신체와 장기가 서서히 손상되고 있을 유아와 어린이, 그리고 청소년의 몫이 된다.

타오르는 교육열, 무관심한 학습 환경

교통량 1위, 아파트 매매 가격 1위에 이어, 자타공인 대한민국 교육 1번지 또한 서울 강남구다. 그러나 '맹자 어머니'보다 더한 열성과 교육에 큰 자부심을 느끼는 강남 엄마들도 어쩌지 못하고 있는 것이 바로 교육 시설을 둘러싼 도로 위의 PM이다.

　강남구에 위치한 학교는 대부분 아파트 밀집 지역 사이사이에 있다. 아파트 단지에 덩달아 대로에 맞붙어 있거나 매우 가까운 거리에 있어서 학생들이 환경 기준치보다 높은 농도의 PM에 자주 노출될 가능성이 높다. 예를 들어, 일일 교통량 16만 대로 전국 1위를 기록한 강남대로 한남 IC로부터 직선 거리로 고작 400미터 떨어진 곳에는 신구초등학교, 신사중학교, 현대고등학교가 있다. 엎친 데 덮친 격으로 도보 10분 거리에는 상습 정체 구역인 압구정역 사거리까지 있다.

　한편, 강남구 도곡동에 위치한 대도초등학교도 왕복 7차로의 선릉로에 맞닿아 있는 학교다. 걸어서 불과 2분 거리도 되지 않는 곳에는 한강 이남 전 지역을 단번에 가로지르는 왕복 8차로의 남부순환로가 지나고, 선릉로와 교차하는 지점에는 도곡역 사거리까지 있다. 학교와 도로 사이에 방음벽이 설치돼 있으나, 높이가 낮아서 방음벽 기능이나 간신히 해낼 듯 보일 뿐이고, PM 차단을 목적으로는 큰 기능을 하지 못한다. 서울 도심 속 교통량 많은 지역의 학교에서 일부 공업 단지보다 더 높은 PM 농도가 측정됐다는 연구 결과가 이를 뒷받침해준다.

한국 내 1위는 물론이고, 전 세계를 통틀어 사설 학원 밀집도가 가장 높을 거라 확신하는 강남구 대치동 학원가는 밤이면 밤마다, 주말이면 더욱 더 대로에 즐비한 차량으로 전쟁을 치른다. 학원가의 통학 차량, 학부모 차량, 그냥 지나가는 일반 차량, 코앞의 정류장을 두고도 가까이 가지 못하는 버스 등이 한데 얽혀 강남판 도떼기시장을 만들어낸다. 학원이 마치는 시간에 맞춰 자녀를 데리러 나온 학부모들의 차가 인도, 인도 바로 옆에 붙은 차로, 그 옆에 있는 차로까지 주차장을 만들기 때문이다.

실제로 강남구의 평균 PM10 농도가 $41 \mu g/m^3$로 '보통'일 때 통학차가 몰려 있는 대치동 학원가에서 직접 측정한 PM10 농도는 최대 $197 \mu g/m^3$로 다섯 배나 높았고, '매우 나쁨' 단계 기준인 $151 \mu g/m^3$을 훌쩍 넘겼다. 특히 학원 주변에서 시동을 켜놓고 대기(정차)하는 시간이 길다 보니, PM 농도는 더욱 높아진다. 자녀를 '모시러' 도로로 쏟아져 나온 학부모들의 차량도 문제지만, 학원 통학 차량 또한 정부의 고민거리다. 정부가 PM의 주범으로 지목한 경유차 중에서도 학원 통학용 승합차처럼 생활 지역 주변을 주로 운행하는 '생활형 차량'이 고속도로를 주로 운행하는 화물 운송용 경유차보다 시민들의 건강에 직접적으로 더 큰 영향을 미친다고 판단해서다.

서울 초등학교의 학급당 평균 학생 수는 23명밖에 되지 않고, 서울시 교육청은 초등학교 학급당 학생수가 26명이 넘으면 '과밀 학급'으로 분류한다. 그런데 앞서 살펴본 강남구 도곡동의 대도초등학교는 학급당 평균 학생 수가 무려 37.5명에 달해 서울에서도 가장 과밀한 콩나물 학교로 손꼽힌다. 이유는 간단하다. 대치동 학원가가 가깝고, 중·고교 학군도 좋다고 여겨 이 지역에 전입한 가구가 많기 때문이다. 그러나 터질듯 밀려오고 숨넘어갈듯 빠져나가는 차량들이 24시간 동안 내뿜은 PM 속에서 자녀의 건강 환경엔 빨간 불이 깜빡이고 있다. 교육 환경에 부여하는 가치만큼이나 자녀의 건강 환경에도 큰 의미를 부여할 필요가 있지 않을까? 비단 강남구만이 아니다. 서울 전역의 초등학교 중 82퍼센트는 도로변에 위치해 있다. 어린이들이 미래를 가꾸기 위해 건강을 담보로 잡혀야 하는 것이 국내 대기 오염의 현실이다.

도로 청소법: 빨아들이거나 씻어내거나

도로변 생활 환경의 PM 농도를 낮추는 근본적인 방법은 PM 발생원을 없애거나 도로를 밀폐시키는 것이다. 차량 연료를 석유에서 수소·전기로 바꾸거나 땅 위의 도로를 지하로 옮기는 것이 그 방법인데 아무래도 시간과 비용과 기술 때문에 당장 현실에 적용할 수 없는 실정이다.

그래서 임시방편으로 나온 현재의 방안은 집안 청소하듯, 도로 위 PM을 살수차로 청소하거나 분진 흡입 차량으로 빨아들이는 것이다. 물청소의 경우 여름에는 환영받을지언정 겨울에는 온 동네를 빙판길로 만들 우려가 있다. 정작 대기 오염이 가장 심한 겨울철에 무용지물인 셈이다. 한편 분진 흡입 차량도 서울만 35대 보유하고 있을 뿐, 다른 지역에는 한 대도 없는 실정이다. 수도권 지자체가 보유하고 있는 청소 차량의 55퍼센트는 일반 노면 청소 차량인데, 이 방법은 빨아들이는 것이 아니라서 오히려 PM을 더 멀리 확산시키기만 할 뿐이다.

단, 분진 흡입 청소 방식에도 함정은 있다. 도로 청소에 의한 도로 표면 먼지 제거에 관한 연구 내용에 따르면, PM 제거를 위해 분진 흡입 청소만 했을 경우에는 주변에 있던 먼지까지 유입되는 바람에 오히려 도로

그림 26 물청소차는 도로 위 PM2.5 제거에 효과적이다.

표면 먼지 농도가 더 높아졌다. 분진 흡입 청소와 물청소를 병행한 경우에는 어느 정도의 효과는 있었으나 이마저도 3시간 후에는 주위 오염원으로부터 다시 먼지가 유입되어 청소 전 수준으로 되돌아갔다. 대만에서도 이와 흡사한 실험을 진행했는데 결과는 국내와 크게 다르지 않았다. 즉 도로 청소에 의한 대기 중 PM 농도 저감 효과는 미미했고, 3시간 정도가 지난 후에는 청소 전 수준으로 되돌아간 것으로 나온 것이다. 따라서 현재로선 교통량이 많은 지역은 정기적으로 물청소 차량과 분진 흡입 청소 차량을 동시에 사용하여 도로 청소를 되도록 자주 시행하는 것이 주민 건강을 위한 거의 유일한 방법일 것이다.

위험한 야외 활동

성인과 아동의 서로 다른 PM 흡입량

미세먼지 경보가 울린 주말 아침, 창밖엔 뿌연 먼지가 가득한데 주말만 기다린 아이들은 밖으로 나가자고 보챌 경우, 부모는 어떤 선택을 해야 할까? 자녀의 건강을 위해서라도 잘 달래 실내에 머물러야만 한다. 사랑하는 자녀로부터 원망의 소리를 듣는 것이 싫다면 나가는 수밖에 없겠지만, 지금 당장의 위기를 모면하기 위해 밖으로 나가는 건 참으로 어리석은 선택이다. '얘는 아직 어리고 몸도 작으니까 성인인 나보단 흡입량이 덜하겠지.' 하고 스스로를 애써 위로한다면 이는 매우 잘못된 추측이다.

체중 70킬로그램의 아빠가 소파에서 편하게 숨 쉬는 횟수는 분당 약 15~18회로, 들이마신 공기의 양은 7~8리터 정도다. 매일 약 2만 8000번 호흡을 하고 12킬로그램에 달하는 1만 1000리터가량의 공기를 마신다. 미운 네 살 어린이가 아침부터 집 밖으로 나가자고 성화다. 집 밖의 PM2.5 농도는 $135\mu g/m^3$으로 '매우 나쁨' 수준이지만, 아직 어린 아이에게 대기 오염 논리가 통할 리 없다. '딱 한 시간 정도는 괜찮겠지.'라고 생각한 아빠는 아이와 함께 집 밖으로 나섰다. 한 시간 후, 목이 칼칼해진 탓에 미련 없이 돌아온 아빠가 밖에서 마신 PM2.5 입자 개수는 적어도 1억 개 이상에 달한다. '적어도'라고 붙인 이유는 운동하는 동안엔 호흡수가 훨씬 늘어나 1분당 최대 32회, 들이마신 공기량은 160리터까지 치솟는데, 이때 흡입하는 PM2.5의 양도 그만큼 많아지기 때문이다. 그런데 아빠의 건강보다 아이의 건강이 더 문제다. 아동의 호흡수는 1분간 30~40회, 하루 6만여 회로 성인의 두 배에 달한다. 체중 1킬로그램당 호

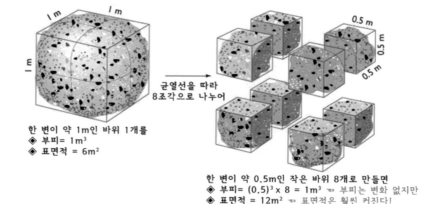

그림 27 바위의 균열로 숨어 있던 표면적이 드러나게 되어 동일한 부피임에도 크기가 작아지면 표면적은 훨씬 커지게 된다.

흡량도 성인이 200리터인 반면, 네 살은 450리터, 한 살 미만인 아이는 600리터로 성인보다 최대 세 배 더 많다. 아빠 몸이 PM2.5에 손상된 정도를 100으로 본다면, 네 살 아이 몸이 입은 손상도는 225정도 되는 셈이다.

게다가 흡입한 오염 물질은 모래알갱이(황사)도 PM10도 아닌 PM2.5였다. 동일한 부피의 PM이라고 해도 크기가 작아질수록 외부에 노출되는 총 면적은 증가한다(그림 27). 따라서 발암물질인 카드뮴이나 니켈, 크롬, 납과 같은 유해 중금속 등이 입자 표면에 더 많이 엉켜붙는다.

어린이가 있는 가정에서는 PM에 더 각별한 관심을 갖고 대응해야 한다. 물론, PM 노출을 최소화하기 위해 부지런히 노력하는 가정도 있다. 하지만 자신의 몸 속에서 평생 독성을 내뿜을 PM도 별스럽지 않게 여기는 가정 또한 의외로 많은 것이 현실이다.

표 13 2016년 4월 23일 프로야구 경기 정보 및 대기 오염도(*일일 평균)

경기장	경기 일정 및 결과	미세먼지(PM10)*	예보 단계
고척	LG 2:14 넥센	230μg/㎥	매우나쁨
잠실	한화 2:3 두산	199μg/㎥	매우나쁨
문학	NC 2:8 SK	274μg/㎥	매우나쁨
대구	Kt 11:6 삼성	231μg/㎥	매우나쁨
사직	KIA 16:10 롯데	193μg/㎥	매우나쁨

표 14 2017년 5월 6일 프로야구 경기 정보 및 대기 오염도(*일일 평균)

경기장	경기 결과	미세먼지(PM10)*	날짜
사직	KIA 3:0 롯데	143μg/㎥	나쁨
대전	Kt 3:5 한화	183μg/㎥	매우나쁨
잠실	LG 7:5 두산	243μg/㎥	매우나쁨
고척	SK 13:5 넥센	210μg/㎥	매우나쁨
마산	삼성 12: 1 NC	119μg/㎥	나쁨

용기 있게 PM을 두려워하라, 가족의 건강과 화목을 위해

2016년 4월 23일과 24일, 주말이었던 이날은 PM10 농도가 온종일 '매우 나쁨' 단계였지만 한강변에는 유모차를 끌거나 초등생 자녀의 손을 꼭 잡고 나들이 온 가족들로 가득했다. 같은 날, 야구장도 가족 단위의 관객으로 붐비기는 마찬가지였다. 잠실야구장에서는 한화 대 두산의 경기가, 고척스카이돔에서는 LG 대 넥센의 경기가, 문학경기장에서는 NC 대 SK의 경기가 열렸지만 대기 오염에 대한 주의나 마스크 착용 권고 등

의 특별한 안내도 조치도 없었다. 경기 시작 전후의 시간을 감안한다면 이날 관중들과 선수들은 무려 네댓 시간 동안 엄청난 양의 PM10을 양껏 흡입한 셈이다.

이듬해인 2017년 5월 첫째 주, 어린이날이 포함된 황금연휴 기간에 도 이런 상황은 고스란히 이어졌다. 5월 6일, 중국에서 불어온 최악의 PM10이 전국을 덮쳤지만 아랑곳하지 않고 프로야구 경기는 야외에서 진행됐다. 서울 잠실구장과 고척스카이돔구장은 일평균 PM10 농도가 각각 243$\mu g/m^3$, 210$\mu g/m^3$을 기록할 정도로 대기질이 엉망이었다.

대기 오염이 절정을 이루는 매년 4월은 공교롭게도 KBO 리그(프로야 구)가 막을 올리는 시즌이다. 프로야구는 국내 어떤 프로 스포츠와도 비 교해도 관중 동원력에서 가히 압도적이다. 2014년 650만 명, 2015년 730 만 명, 2016년 800만 명으로 명실상부 국내 최고의 인기 스포츠답게 수 백만 관중을 몰고 다닌다. 야구, 축구, 농구, 배구 등 국내 4대 프로 스포 츠 가운데 800만 관중을 돌파한 건 프로야구가 최초다.

국민 스포츠로 자리매김한 프로야구는 가족 단위의 관중 비율도 높 다. 실제로 2016년 야구장에 주로 함께 가는 사람의 비율을 연령별로 조 사한 바에 따르면 20대는 47.4퍼센트가 친구와 함께하지만, 30대는 39.4 퍼센트는 친구와, 38.0퍼센트는 가족과 함께 가는 것으로 나타나 친구와 가족의 비율이 유사했다. 40대에서는 가족과 함께 야구장을 찾는다는 답 변이 62.8퍼센트로 뛰어 올랐고, 50대도 54.3퍼센트에 달했다. 40~50대 부모와 자녀가 함께 야구장을 찾는 경우가 많다는 것을 알 수 있다.

가족들이 함께 스포츠를 관람하는 추세가 늘어나는 것은 분명 대단히 반가운 현상이다. 그런데 좋은 일을 해도 때와 장소가 잘 맞아야 박수를 받는다. 고농도 PM으로 창밖이 잿빛인데 굳이 어린 자녀를 데리고 경기장을 찾는 것은 박수 받으려다가 오히려 호흡기 질환 진단서를 받게 될 만큼 어리석은 선택이다. 물론 부모들도 변명의 여지가 없는 것은 아니다. 아이들을 데리고 스포츠 관람이나 야외 활동을 하는 부모들은 "아이들의 건강과 정서 발달을 위해," "가족적인 여가 시간을 만들기 위해"라고 말한다. 좋은 부모가 되고 싶은 것이다. 미루어 보건데, 자상한 부모로서의 그 커다란 마음에 현명한 부모로서의 지혜까지 담는다면 진정 좋은 부모에 한층 더 가까워 질 수 있을 것이다. PM에 대한 두려움이 없는 부모의 행동이 계속된다면, 자녀의 건강 상태가 기대와는 전혀 다른 방향으로 전개될 가능성이 높기 때문이다.

고개가 갸우뚱, 환경부의 PM 농도

PM이 우려되는 상황에서 야외활동 여부를 판단해야 할 경우 알아야 할 또 다른 중요한 사실은, 환경부에서 발표하는 PM 농도는 실제 시민들의 활동 공간에서 측정한 PM 농도와 편차가 큰 경우가 많다는 것이다. 2016년 12월 2일, 서울 중구의 PM10 농도는 '보통' 수준으로, 야외활동을 해도 괜찮다고 예보된 평일 오후였다. 그런데 시민들의 왕래가 많은 서울 시청역 근처의 PM10 결과는 '나쁨' 수준인 $133\mu g/m^3$으로 정부의 실시간 측정값인 $64\mu g/m^3$보다 두 배 이상 높았다. 같은 날, 서울 성동구 왕십리에서 오후 3시부터 4시까지 측정한 PM10 평균치도 $137\mu g/m^3$으로, 같은 시간 정부의 실시간 측정치인 $73\mu g/m^3$의 두 배 수준이었다.

측정값이 이렇게 차이 나는 이유는 왜일까? 각 지역의 PM2.5 관측소가 어디에 어떻게 설치되었는지를 살펴보면 단번에 알 수 있다. 자치구마다 설치된 PM2.5 관측소는 단 한 곳뿐이며, 그마저도 시청, 구청, 주민센터 등 관공서의 옥상이나 인적이 드문 곳에 있는 경우가 많다. 환경부는 정확한 PM 농도 측정을 위해 1.5~10미터 높이에 시료 채취구를 설치하도록 권고하고 있지만, 전국의 도시 대기 측정소 264곳 중 무려 82.6퍼센트인 218곳이 지상 10미터가 넘는 곳에 설치돼 있다(2018년 1월 기준). 상대적으로 대기질이 그나마 나은 높은 위치에 관측소를 설치한 것이다. 따라서 그간 PM 농도 정보가 국민에게 잘못 전달된 것으로 볼 수 있다.

경기 광명시 소하 1동 주민센터 및 노인복지회관 복합 건물(6층) 옥상에 설치된 측정소는 그 높이가 39.15미터로 국내에서 가장 높은 곳에 설치돼 있다. 옥상의 PM10 측정값이 $40.7\mu g/m^3$일 때, 지상에서 측정한 값은 $48.9\mu g/m^3$으로, 20.2퍼센트나 차이가 났다. PM2.5도 23퍼센트, PM1.0도 26.2퍼센트 차이를 보였다. 서울 마포의 유일한 도시 대기 측정소도 마포아트센터 5층 옥상, 27.8미터 높이에 설치돼 있다. 실제 측정 결과, 광명시 측정소와 마찬가지로 PM10, PM2.5 모두 옥상보다 지상이 높게 나왔다. 정부가 야외 활동하기 괜찮은 날이라고 해도 목이 따끔따끔하고 답답하다고 느끼는 이유가 여기에 있었다.

4장

지독한 불청객

중국에서 날아온 PM

막을 수 없는 중국발 PM

2017년 7월 19일, 한국과 미국 항공우주국(NASA)이 공동 실시한 '한·미 협력 국내 대기질 공동조사(KORUS-AQ)'의 예비 종합 보고서가 발표됐다. 2016년 5~6월 동안 한반도 상공을 비행 관측 및 지상 관측하며 조사한 결과, 국내 대기질에 미치는 영향은 국내 요인이 52퍼센트, 국외 요인은 48퍼센트였다. 특히 중국 내륙의 영향이 전체 기여율의 34퍼센트를 차지해 국내 미세먼지 발생의 가장 큰 외부적 요인인 것으로 확인됐다.

지금껏 중국발 오염 물질의 영향이 크다는 국내 조사 결과는 있었지만 정작 중국은 "신빙성 없다."고 잡아떼며 이를 무시해온 터였다. 보고서에 확인된 중국 기여율 34퍼센트는 공신력을 갖춘 NASA와의 합동 조사 결과인 만큼, 중국에 책임을 물을 수 있는 근거가 세워진 셈이다. 대체 중국은 대기 오염이 얼마나 심각하기에 집안에서 오염 물질이 넘쳐나는 데도 주체하지 못하는 것일까?

PM2.5 농도 1,000㎍/㎥도 초과하는 중국의 현실

2015년 12월 7일 오후, 베이징은 스모그 적색경보를 발령했다. 2013년 스모그 경보 체계 도입한 이후 처음 있는 일이었다. 베이징 도심의 PM2.5 농도는 한때 $900㎍/㎥$까지 치솟았고, 랴오닝성遼寧省 선양瀋陽의 PM2.5 농도는 무려 $1,400㎍/㎥$을 기록했다. WHO 기준치인 24시간 평균 농도 $25㎍/㎥$를 우습게 초월해 각각 35배, 56배 수준까지 솟구쳐 오른 것이다.

베이징 당국은 스모그 적색경보 행동 요령에 따라 해당 기간 동안 자동차 홀짝제를 강제로 실시하고 공무 차량도 30퍼센트만 운행했다. 유치원을 포함한 초·중·고교에는 휴교를 권고했다. 모든 공장은 스모그 농도에 따라 가동 시간을 줄였다. 기업들은 탄력 출퇴근제를 실시했다. 공사장은 문을 닫았고, 건축 폐기물이나 모래·자갈 등을 실은 트럭의 시내 진입도 차단되었다.

그런데 베이징의 적색경보 발령은 이미 예견된 것이었다. 일주일 전, 중국의 수도권인 징진지京津冀(베이징·톈진·허베이) 지역은 이미 닷새 넘게 고농도 스모그에 갇혀 있었기 때문이다. 적색경보만 울리지 않았다 뿐이지, 당시에도 WHO 기준치의 40배에 달하는 PM2.5 농도 $1,000㎍/㎥$에 근접했다. 이 농도는 밀폐된 좁은 방에서 담배 40개비를 연달아 피운 뒤의 연기보다도 두세 배 정도 더 높은 수치다.

그로부터 1년이 지난 2016년 12월, 과거로부터 배우지 못한 중국에선 지난해 겪은 상황이 또다시 반복됐다. 12월 16일, 베이징의 PM2.5 농도가 $400㎍/㎥$에 달해 엿새 동안 스모그 적색경보가 발령됐다. 베이징 외곽 허베이성河北省의 산업지대는 상황이 더 심각했다. 12월 19일, 철강도시인 허베이성 한단邯鄲의 일평균 PM2.5 농도는 $780㎍/㎥$에 달했다. 베이징 동남쪽에 위치한 톈진天津도 같은 기간 동안 스모그 적색경보가 발

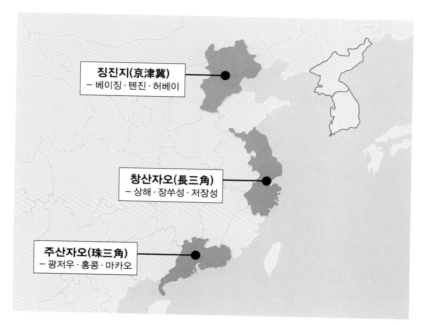

그림 28 **중국 내 주요 산업 경제권 위치**

령되었고 그 외 40개 도시에도 적색, 주황색 경보가 일제히 발령됐다. 허베이성 신흥 공업지대인 스자좡은 12월 중 PM2.5 농도가 $500\mu g/m^3$을 넘는 상황이 63시간 지속되었고, 12월 19일 오후 한때엔 $1,000\mu g/m^3$을 넘기도 했다. 당시 시민들은 인터뷰에서 "손을 뻗어봤더니 내 손가락도 구분이 안 되더라."고 말할 정도였다.

중국 내 5대 광역 도시권에 속하는 징진지, 창산자오長三角(상해·장쑤성·저장성)과 주산자오珠三角(광저우·홍콩·마카오) 지역은 중국 국토 면적의 6.3퍼센트에 불과하지만, 중국 내 철강 생산량의 50퍼센트 이상을 차지하며 대기 오염 물질을 배출하고 있다. 즉 한국에 영향을 미치는 PM의 발원

沈阳PM2.5破1400 部分药店防霾口罩售罄

2015年11月09日 17:20　来源: 中国天气网综合　编辑: 夏雨　进入图片频道

그림 29 선양의 PM2.5 농도와 약국에는 마스크가 매진되었다는 기사에 담긴 랴오닝성 선양의 거리 모습(PM2.5 농도 1,400㎍/㎥)

지인 셈이다. 2016년 12월 당시 중국에서 스모그에 갇힌 지역은 약 101만 제곱킬로미터, 중국 대륙의 9분의 1이었다. 국토 전체의 10퍼센트를 조금 넘을 뿐인데 웬 호들갑이냐 싶지만, 대한민국을 열 개 붙여둔 것보다 넓은 면적이다. 2017년 1월 중순까지도 베이징은 꾸준하게 스모그를 이어갔고, 최고 등급인 적색경보는 아니지만 그 바로 아래인 주황색경보 지속 시간이 장장 200시간을 넘겨 최장 기록을 경신했다.

스모그에 찌든 중국인

중국 주요 산업 경제권뿐 아니라 중국 내 500개 도시 중 WHO의 환경

기준치를 충족시킨 도시는 1퍼센트도 안 된다. 농촌, 어촌할 것 없이 중국 전역이 스모그에 10년 이상 꼬질꼬질하게 찌들었다. 내륙에 위치한 허난성河南省도 그렇고, 심지어 가장 서쪽 끝에 위치한 신장위구르자치구의 PM2.5 연평균 농도도 $100\mu g/m^3$를 훌쩍 넘긴다. 13억 인구 중 약 6억 명이 스모그에 노출됐고, 특히 북부에 거주하는 4억 600만 명 이상은 건강에 매우 해로운hazardous 수준의 대기 오염에 고통받고 있다.

무엇보다 PM으로 인한 폐암 환자의 급격한 증가는 중국에서 사회 문제로까지 떠오르고 있다. 2015년 한 해, 중국에서는 하루 평균 2,800명의 폐암 환자가 발생했다. 2020년까지 매년 80만 명 이상의 폐암 환자가 발생하고, 70만 명에 가까운 사람이 이로써 사망할 것으로 예측하고 있다. 국영 중국중앙방송(CCTV) 앵커 출신인 차이징柴靜은 자신이 직접 제작한 다큐멘터리 〈스모그 돔 아래에서Under the Dome〉를 통해 "지난 30년 동안 중국의 폐암 환자 증가율이 500퍼센트를 기록했다."고 증언했다.

물론 폐암을 일으키는 것이 스모그만은 아니다. 중국은 지구상 모든 담배의 43퍼센트를 생산하고 있으며, 흡연 인구는 3억 1600만여 명이다. 간접흡연에 노출된 인구는 최소 그 두 배에 달할 정도로 유명한 골초 국가다. 흡연 인구가 많은 만큼 지난 세월 동안 폐암 발생률이 높아진 것도 당연지사다. 따라서 높아진 폐암 증가율이 PM만의 단독 범행이라고 단정할 순 없다. 다만, 연령대를 불문하고 폐암 환자가 속출하는 것으로 보아 흡연 외 또 다른 요인이 있을 것이라고 추측되는 것이다.

중국 폐암 환자의 연령대가 낮아지고 있다는 통계 자료는 많지만 더 쉽게 이해할 수 있는 사례가 있다. 2014년 1월 중국 후베이성 우한시武漢市 중국인민정치협상회 위원인 협화의원 종양센터의 의사 류리劉莉는 우한시 정치협상회의에 참석해 한 살배기 아기가 암 진단을 받은 사례를 소개했다. 또 암 발생 연령과 암 사망 연령이 모두 낮아지는 추세이며, 발병 원인은 복합적이지만 PM 같은 대기 오염이 절대적인 요인임을 강조했다. 이보다 앞선 2013년 11월에는 안후이성安徽省의 여덟 살 여자 아이가 폐암 확진 판정을 받아 화둥華東 지역 최연소 폐암 환자로 기록되기도 했다. 아이의 진료를 담당했던 의료진은 폐암 환자 어린이의 집이 도로 주변에 있어 장기간 PM2.5를 들이마신 것이 직접적인 요인인 것으로 결론을 내렸다.

중국에서는 폐암이 노령화, 흡연, PM 등으로 인해 2000년 이래 가장 심각한 질병이 될 것이며, 앞으로 최소 20년간 급속하게 증가할 것으로 전망하고 있다. 일부 전문가들은 PM이 흡연을 대신해 중국인의 폐암을 유발하는 가장 큰 위험 요인이라고 우려를 나타내고 있다. 세계 최대 전자상거래업체인 알리바바의 마윈馬雲 회장은 2015년 12월 5일 기후변화협약 회의가 열린 프랑스 파리에서 "내가 진짜 (별명대로) 외계인이라면 스모그 때문에 지구를 떠나 우주로 달아나고 싶다."고 했다. 그는 "최근 베이징의 스모그는 숨 막힐 정도로 심각했고, 최근 암으로 사망한 친구와 친척도 적지 않다."고 토로했다.

중국은 초고농도 PM이 장기간 지속되면서 폐암뿐 아니라 각종 호흡기 질환이나 뇌졸중 등 심혈관계 환자들도 매년 폭발적으로 증가하고 있다. 2013년 베이징 어린이 병원에는 하루에 무려 7,000명 이상의 어린이가 호흡기 이상 증세로 병원을 찾았고, 쓰촨성四川省 청두成都에는 스모그 환자 전문병원이 문을 열었다.

심지어 PM으로 인해 중국 남성의 정자 수가 감소한다는 연구 결과도 나온 상태다. 중국 남동부의 후난湖南 지역에서 15년간 정자 기증자 3만여 명의 정자를 조사한 결과, 특히 2015년 젊은 남성들이 기증한 정자의

그림 30 2017년 1월 2일 베이징역에 도착한 중국고속열차(CRH)의 모습(왼쪽). 스모그가 발생한 화둥, 화베이 지역[18]을 5시간 넘게 내달리면서 PM2.5를 뒤집어 써 갈색으로 변했다. 2010년 캘리포니아 주 지사였던 아놀드 슈워제네거가 중국을 방문해 동일한 고속열차를 살펴보고 있다(오른쪽).

합격률은 5분의 1에 불과했다. 2001년에는 과반수가 합격 판정을 받았던 것에 비해 매우 미진한 성적이다. 실제로 WHO가 최근 10년간 평가한 자료에 따르면, 중국 남성은 30~40년 전에 비해 정액 1밀리리터당 정자 함량 수가 약 1억 개에서 현재 2000만~4000만 개로 감소했다. 여성의 경우도, 20년 전 중국의 가임 연령 인구 중 불임 발병률은 평균 3퍼센트에 불과했지만, 2014년에는 12.5~15퍼센트로 급증했다. 전문가들은 중국 남성의 정자 감소와 여성들의 불임률 상승에 PM, 수질 오염, 식품 오염 등으로 인한 생활환경 악화가 영향을 미쳤을 것이라는 의견을 보인다. 심각한 오염으로 중국 인구의 생식 능력이 저하되니 굳이 정부가 산아제한 정책을 시행하지 않더라도 자연적으로 산아제한 효과를 볼지도 모른다는 슬픈 농담까지 떠도는 판국이다.

---

18 중국 베이징시 허베이, 톈진, 네이멍구자치구에 걸친 지구의 총칭이다.

자발적으로 위험성을 인정한 중국 정부

2012년 11월 21일, 중국의 싱크탱크인 사회과학원 도시발전환경연구소와 중국 기상국 국가기후센터는 〈기후변화 대응보고: 기후융자와 저탄소발전〉이라는 그린북Green Book(綠皮书, 정부의 중요한 정책이나 의제와 관련된 흐름을 분석한 보고서)에 스모그는 폐의 기능과 조직을 변형시키고, 생식 기능과 인체 면역 체계에도 악영향을 미친다는 내용을 담았다. 중국 정부가 당시 스모그의 위험성을 스스로 인정한 것은 매우 놀라운 일이었다. 중국 정부도 PM2.5의 위해성을 심각하게 받아들이고 있었다는 의미다.

만약 한국에서 PM2.5 농도가 $1,000\mu g/m^3$을 기록하고, 스모그 적색경보 발령으로 생활의 일부분이 마비된다면 어떤 일이 발생할까? 마스크 쓴 시민 군단이 전국의 광장을 모두 점령하고, 스모그 속에 발조차 꺼내기 싫은 사람들은 전화로, 인터넷으로 정부 기관을 마비시킬지도 모른다. 하지만 중국에서는 경보가 발령되어도 일부 시민들은 마스크를 쓴 채 공원에서 태극권을 하고, 마라톤이 열릴 뿐, 대규모 시위는 없다. 10년 이상 겪은 친근한 고농도 PM이라서 이미 익숙해진 것일까? 실은, 익숙해졌거나 체념했기 때문이 아니라, 중국의 정치사회 구조가 공산당과 정부를 대놓고 비판할 수 없도록 보이지 않는 한계가 그어져 있어서다.

PM에 숨이 막혀도 중국의 서민(라오바이싱老百姓, 군인이나 공무원이 아닌 일반 국민)은 그저 억울하게 아프기만 할 뿐이다. 물론, 그들도 가만히 있지만은 않는다. 중국판 트위터인 웨이보(weibo.com) 등 소셜미디어에 공산당과 정부를 소리 높여 규탄하는 글을 쏟아 내고, 전국 곳곳에서 소규모 시위도 발생하곤 한다. 그러나 인터넷에 올라온 공산당 정부 비방 글은 잽싸게 삭제되고, 시위는 언론에 보도되는 경우가 거의 없어 불씨는 곧 사그라진다. 시위나 언론보도는 둘째 치고, 대기질 상태를 공개하는 것 자체가 중국 정부로선 그나마 많이 나아진 셈이다. 2013년까지만 하더라도 PM2.5 농도를 공식적으로 공개조차 하지 않았기 때문이다.

주중 미국 대사관의 SNS 폭로

2008년, 베이징에 위치한 주중 미국 대사관 옥상에 당시 중국에선 의아한 물건이었던 '대기질 측정기'란 것이 처음 설치됐다. 측정기는 트위터twitter를 통해 베이징의 실시간 PM2.5 농도를 미국인에게 안내하기 시작했다. 베이징의 PM2.5 농도가 공식 채널을 통해 외부로 알려진 최초의 순간이었다. 미국 대사관의 트위터 내용을 확인한 사람들은 충격과 공포에 휩싸였고, 베이징의 끔찍한 대기질 수준이 전 세계에 노출되기 시작했다.

주중 미국 대사관의 PM2.5 농도 발표에 중국 정부가 좋아할 리 없었다. 특히, 미국 대사관 트위터에서 사용된 표현들, "베이징 대기질이 미친 듯 나쁘다Beijing air quality is Crazy bad" "지수를 초월한다Beyond Index" 등이 날카롭게 선 중국 정부의 신경을 긁었다. 중국 정부는 2009년 비공식적으로 미국 대사관에 여러 차례 PM2.5 수치 발표 중단을 요구했고, 트위터도 차단해버렸다.

여기서 그치지 않고 중국 정부는 환경보호부 부부장(차관) 우샤오칭吳曉青을 통해 공식적으로 미국 대사관을 겨냥한 경고를 발표했다. 다만, 정확하게 주중 미국 대사관을 꼬집은 것은 아니고 '외국 정부들foreign governments'이라고 지칭하면서, "PM2.5 수치를 공개하는 건 '외교 관계에 관한 빈 협약Vienna Convention on Diplomatic Relations'과 '영사 관계에 관한 빈 협약Vienna convention on Consular Relations'의 정신을 어기는 것일 뿐 아니라 중국의 환경보호법 관련 조항을 위반하는 것"이라고 지적하며 격하게 반응했다. 서너 곳에서 측정된 PM 농도만으로 중국의 대기 질이 매우 유해하다는 인식을 전 세계에 심어주는 것을 수긍할 수 없다며 미국 대사관에 중단 압력을 가한 것이다.

그러나 미국 대사관은 꿈쩍하지 않았다. 대사관 직원들과 그들의 가족, 그리고 중국에 거주하는 미국 시민들을 위해서라도 PM2.5 수치 공개를 중단할 수 없었다. 트위터는 차단됐으나 미국 대사관 홈페이지와 스마트폰의 각종 채팅 앱 및 웨이보 등을 통해 하던 일을 계속 이어갔다. 게다가 2011년에는 광저우 미국 영사관에, 2012년에는 상하이上海 미국 영사관에 대기질 측정기를 추가로 설치했고, 역시 매 시간 PM2.5 수치를 공개했다. 2013년 10월 중국 동북부 지역 일대에서 사상 최악의 스모그가 발생하자 미국 대사관은 직원들의 건강을 위해 블루에어 공기청정기를 무려 2,000대 이상 구입해 들여오기까지 했다. PM의 심각성을 익히 알고 있었기 때문이다.

실제로 미국 대사관이 2008년 4월부터 2015년 6월까지 7년간 측정한 베이징의 평균 PM2.5 농도를 보면, '좋음good' 상태였던 적이 고작 50여 일(2퍼센트)밖에 되지 않는다(그림 31). 반면, '건강에 해로움unhealthy' 상태였던 기간은 49퍼센트로 가장 많았다. 엄밀히 말하자면, 그 와중에 '좋음' 상태가 있었다는 것 자체가 놀라울 정도인데, 2008년 8월에 열린 베이징 올림픽을 위해 중국 당국이 온갖 공을 들여서 당분간만이라도 파란 하늘을 일궈냈다는 사실을 감안해볼 필요가 있다. 중국에 거주하는 미국인이 보기에 베이징이란 곳은, 사람이 맘 편히 숨 쉬며 살 수 있는 도시가 아니었다.

중국 정부와 미국 대사관의 마찰이 계속되자, 중국인들도 자연스럽게 PM2.5 농도란 것에 관심을 가지게 되었다. 주중 미국 대사관의 웨이보

2008~2015년 일평균

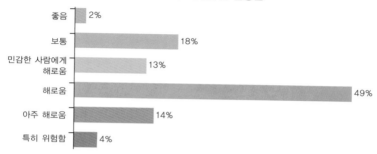

좋음 2%
보통 18%
민감한 사람에게 해로움 13%
해로움 49%
아주 해로움 14%
특히 위험함 4%

2008~2015년 일평균

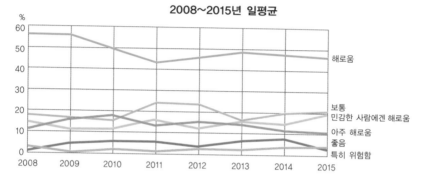

그림 31 미국 대사관의 베이징 PM2.5 측정 결과

에서 PM2.5 농도를 확인하고 이를 퍼트리는 중국인이 늘어나기 시작했다. 특히 팔로워가 수백만 명에 달하는 파워 유저들이 이를 자주 게시하면서 미국 대사관의 PM2.5 정보는 점차 중국인의 생활에 없어서는 안될 중요한 정보로 자리 잡게 되었다.

한편, 중국인 사이에서는 왜 자국 정부에서는 PM2.5 수치를 측정하지 않는지 의문과 불만이 팽배해져 갔다. 2011년 1월까지만 해도 웨이보에서 PM2.5에 대한 언급은 200개에 불과했으나, 2013년 1월에는 4000만

그림 32 **주중 미국 대사관의 베이징 대기질 안내 트위터**

개로 늘어났다. 중국 정부는 자국민의 불만과 시위에 매우 민감하게 반응한다. 과거 경험을 통해 습득한 방어기제로 볼 수 있는데, 조기에 개입하지 않으면 1989년에 발생한 '톈안먼天安門 사건'처럼 문제가 폭발적으로 커질 수 있다는 걸 잘 알고 있기 때문이다. 중국 정부가 선택한 PM2.5 대응 노선은, 다행스럽게도 차단이나 통제보다는 문제를 공감하고 개선하는 방향이었다. 중국 정부가 봐도 PM 문제는 한사코 덮어둘 수만은 없는 일이었던 것이다.

2012년 1월 6일, 베이징 환경보호국이 처음으로 PM2.5와 오존을 측정하고 매 시간 수치를 베이징 시민에게 알리겠다고 발표했다. 전 세계가 깜짝 놀랐다. 중국 언론뿐 아니라 BBC, CNN, 로이터,《뉴욕타임스》등 세계 유명 언론과 방송 들이 앞다투어 대서특필했다. 이 분위기를 이어, 중국 정부도 2013년부터 전국의 PM2.5를 실시간 측정하기로 결정했다. 실제로 2013년 1월 1일부터 전국 74개 지역을 시작으로 PM2.5 농도가 측정되고 실시간으로 자국민들에게 알려지기 시작했다.

중국계 미국인으로 최초의 주중 대사였던 게리 로크Gary Locke가 2013년 갑자기 사임 의사를 밝혔을 때, 당시 웨이보에선 "혹시 PM2.5 때문에 관두는 것 아니냐?"는 농담이 퍼졌을 정도로 중국인들은 PM2.5의 위험성을 잘 알게 되었다. 2008년에 시작된 미국 대사관의 트위터가 중국인들이 PM2.5에 눈 뜨게 만들었고, 결국 중국 정부가 긍정적인 선택을 하는 데 결정적인 역할을 한 것이다.

중국의 하늘이 맑았던 그 시절

"중국발 미세먼지? 옛날엔 그런 것도 없었는데."

1970년대와 1980년대 쾌청했던 봄날을 기억하는 사람들에게 '중국발 미세먼지'는 굶어 죽는 사람이 넘쳐났던 중국의 과거를 잠시 돌아보게 만든다. 반면, '봄철+미세먼지=중국발'이란 공식이 뇌리에 굳어져 가면서 중국은 원래 대기 오염이 심한 곳이라고 생각하는 젊은 세대들도 적지 않다. 중국의 대기 오염은 언제부터 시작된 것이고, 어쩌다 전 세계가 놀라 자빠질 만큼 심해지게 된 걸까? 답은 중국의 근대사에서 찾을 수 있다.

가난에서 벗어나기 위한 노력: 대약진운동

제2차 세계대전 종전 후 일본이 물러난 중국에선 국민당과 공산당의 권력 싸움이 시작된다. '자유중국'을 외치던 국민당은 '공산중국'을 외치던 공산당에 밀려 대만으로 물러났고, 마오쩌둥毛澤東(1893~1976)은 1949년 10월 1일 베이징의 톈안먼 광장에서 중화인민공화국 수립을 공식 선언했다.

일단 건국은 했는데, 경제 상황은 최악이었다. 장기간의 전쟁으로 생산 설비는 파괴됐고, 악성 인플레이션과 높은 실업률이 지속됐고, 자본도 없었다. 가진 것이라고는 노동력뿐이었으나, 1952년 당시 중국 생산 가능 인구의 83퍼센트 이상은 기술 경험 없는 농민이었다.

게다가 1950년 6·25 한국전쟁 참전 후 시작된 미국의 금수조치(1950~1971)는 중국을 심각한 경제적 외톨이로 만들었다. 미국은 중국의 모든 해외 자산을 동결했고, 성조기는 물론 미국 동맹국의 국기가 나부끼는 곳이라면 하늘, 땅, 바다 가리지 않고 중국의 물품이 닿지 못하도록 무역을 일절 금지시켰다. 미국과 절대 앙숙 관계였던 소련에 내린 금수조치보다 훨씬 정도가 심했다. 거대한 국토와 수많은 인구에도 중국의 대외 수입량은 GDP의 5퍼센트 수준으로 폭삭 내려앉았고, 중국은 반강제적 '소련 바라기'가 되어 수입의 65퍼센트 이상이 소련과만 이루어졌다.

당시 중국을 이끌고 있던 마오쩌둥과 공산당은 중국을 강한 산업국가로 바꾸고 사회주의 체제를 본격적으로 확립하기 위해 원대한 목표를 세웠다. 경제 성장률을 획기적으로 높이고 농업보다는 철강, 기계, 조선 등 중공업을 집중 육성하겠노라 선언하고, 1953년부터 '1차 경제개발 5개년계획5 Year's Planning of Economic Development'[19]을 시작했다. 대부분 구 소련 경제를 모델로 삼았으며, 8~10만여 명의 소련 엔지니어 및 경제 전문가가 중국에 파견됐고, 중국인 2만 8000명이 소련에서 기술 연수를 받는 등 소련의 전폭적인 기술 지원을 바탕으로 진행됐다.

시작은 좋았다. 첫해인 1953년에는 제조업의 생산 가치가 전년 대비 14.4퍼센트, 1954년에는 11.9퍼센트나 증가했다. 목표로 삼았던 평균 증가율 8.6퍼센트를 훌쩍 뛰어넘는 기록적인 성과였다. 철강 생산량도 1953년 135만 톤에서 5개년 계획 마지막 해인 1957년에는 535만 톤(미국의 1897년 생산량 수준)으로 늘어났고, 석탄 생산량도 1952년 대비 98퍼센트나 높아지는 등 긍정적인 경제 성과가 확인되면서 중국 공산당은 자화자찬하며 축제 분위기에 휩싸였다.

1957년 1차 경제개발 5개년계획 기간이 끝난 후, 눈부신 성과에 한껏 고무된 마오쩌둥은 1957년 모스크바를 방문했다. 그곳에서 당시 소련 최고 지도자인 니키타 흐루시초프Nikita Khrushchyov(1894~1971) 서기장은 폭탄선언을 날렸다.

"15년 안에 소련은 미국의 경제를 따라 잡을 것이다!"

마오쩌둥은 그 모습에 크게 자극받은 채 중국으로 돌아왔다. 그리고 1958년 2차 경제개발 5개년계획을 시작하면서 흐루시초프의 선언에 한 술 크게 더 얹어 포고했다.

"15년 안에 중국은 영국의 경제를 따라 잡을 것이다!"

그렇게 '대약진운동大躍進運動'(1958~1962)이 시작됐다. 대약진이란 '모든 산업 분야의 획기적인 발전을 도모한다'는 장대한 의미였다. 한데, 1958년 시작된 대약진운동은 1차로 진행했던 경제개발 5개년계획과 사뭇 달랐다. 현실적인 목표는 온데간데없고 급진적인 목표만 등장했다.

---

19 국가 경제 발전을 위해 사회주의 국가 및 개발도상국 등에서 수립하는 5년 단위의 경제계획이다. 우리나라도 1962년 이후 경제개발 5개년계획을 수립, 추진해 정부가 민간 경제를 주도하였다.

당시의 세계적인 추세는 산업국가의 척도를 '철강 생산량'으로 판단하던 때였다. 마오쩌둥은 2년 안에 영국, 4년 안에 소련, 10년 안에 미국의 철강 생산량을 따라 잡길 원했다. 그래서 대약진운동의 절대적인 목표 또한 오로지 '철강 생산량 증대'였다.

첫 해였던 1958년 중국의 철강 생산량은 620만 톤이었다. 당해 생산 목표량은 800만 톤이었는데, 머지않아 850만 톤으로 높아지더니 연말쯤에는 1070만 톤이 목표치가 돼버렸다. 첫째도 철강, 둘째도 철강이었으니 농업 따위는 뒤로 미뤄도 개의치 않았다. 철강 생산 노동력을 동원하기 위해 수백만 명의 농민들이 집단농장과 공장으로 강제로 이동해야 했다.

철강을 만들려면 제철소가 있어야 하는데, 단기간에 제철소를 건설할 기술이 있을 리 없었다. 임시방편으로 전국의 마을과 집단농장에선 재래식 소형 용광로인 '토법고로土法高爐(backyard furnace)'가 만들어졌다. 공산당에서 내려온 강철 생산 할당량을 채워야만 했던 농민들은 숟가락, 문고리, 창틀, 밥솥, 농기구 등 주변의 철이란 철은 죄다 고로에 쏟아부어 자기 방식대로 '묻지마 철강'을 생산해나갔다. 하지만 할당량도 못 채워서 허위 보고가 빈번했고, 재래식 임시 용광로에서 생산된 철강이란 것은 쓰레기나 다름없었다.

그런데 진짜 문제는 철강이 아니었다. 농민들이 없어진 농촌에서 농사철을 놓치고 만 것이다. 하필이면 대약진운동의 첫 단계였던 '제사해운동除四害運動'—위생을 위해 네 가지 해충(들쥐, 파리, 모기, 참새) 제거를 장려한 운동—때문에 중국에서 참새가 멸종해버려 농업 해충이 창궐했다. 엎친 데 덮친 격으로 자연재해까지 이어져 농업 생산량은 절반 수준으로 떨어졌다. 1960년부터 2년이 넘도록 대기근이 중국 전역을 휩쓸어 최소

그림 33 **토법고로에서 철강을 생산 중인 중국 농민의 모습**

2000만 명에서 최대 4000만 명의 중국인이 굶어 죽고 말았다. 인류 역사상 최악의 기근이었다. 전쟁 한 번 치르지 않고도 제2차 세계대전 전체 사망자 수와 맞먹는 인구가 단기간에 아사한 것이다.

대약진운동은 명백한 대실패였다. 대약진은커녕 대후진이나 다름없었다. 3년여 동안 중국 경제 수준은 수십 년 이상 뒤로 미끄러져 농업과 경공업은 무너지고, 중화학공업만 과다 발전하는 기형적인 경제 모델만 남겼다. 마오쩌둥은 대약진운동의 책임을 지고 1959년 국가 주석에서 물러났다.

현대 중국의 상처: 문화대혁명

마오쩌둥에 이어 제2대 국가 주석에 오른 류사오치劉少奇와 중앙위원회 총서기 덩샤오핑鄧小平 앞에 놓인 가장 큰 숙제는 대약진운동의 피해를 수습하는 것이었다. 뼈대는 사회주의를 유지했지만, 살을 찌우기 위해선 자본주의 정책을 일부 도입해야 한다고 판단했다. 또 이념보다는 실용주의 노선을 택해 기술을 우선하고 엘리트를 양성해나갔다.

덕분에 1962년부터 경제 사정은 조금씩 나아지기 시작했다. 마이너스 성장에서 탈출해 1966년에는 10.7퍼센트의 성장률을 보였다. 류샤오치와 덩샤오핑의 정책이 효과를 보이자 공산당 내 권력이 이들에게 집중되기 시작했다. 새삼 이들과 비교된 마오쩌둥은 무력한 존재로 여겨지게 됐고, 이는 대약진운동과 함께 중국 역사상 가장 참혹한 사태인 '문화대혁명文化大革命'의 단서가 됐다.

권력 위기를 느낀 마오쩌둥은 류샤오치를 비롯해 공산당 내에서 자본주의 노선을 걷는 이들을 전면적으로 숙청하기 위해 문화대혁명을 계획했다. "마오쩌둥사상(마오이즘)을 찬양하고 낡은 문화와 자본주의를 타파하여 군중(농민, 노동자)을 혁명 기반으로 사회주의를 꽃피우자."는 미명 아래 1966년 시작된 문화대혁명은 문예 비판에서 정치 권력 투쟁으로 발전했다. 공산당을 장악할 수 없는 위치에 있던 마오쩌둥은 청소년으로 구성된 홍위병을 조직해 전국에 진출시켰다.

중국의 전통적인 유교문화가 붕괴되고, 교육 기관이 제대로 기능하지 못했으며, 약 20만 명의 교수, 교사, 연구원이 박해 받고, 류샤오치, 덩샤오핑을 비롯한 약 300만 명의 당정 간부들이 실각 또는 숙청됐다. 대약진운동 참패 후 회복세를 보이던 경제 성장률은 1968년 -4.1퍼센트로 다시 추락했다. 1976년 9월 마오쩌둥이 사망하기까지 10여 년간 지속된 문화대혁명은 중국의 경제뿐 아니라 사회에도 참혹한 상처를 남기고 말았다.

맑은 공기와 맞바꾼 경제 성장: 개혁·개방 정책

1973년, 중국 공산당 총리였던 저우언라이周恩來의 추천으로 유배지에 있던 덩샤오핑이 권력에 복귀했다. 문화대혁명이 끝난 후, 그는 자본주의 시장경제에 대한 연구를 본격적으로 단행했다. 정치적으로는 적국이나 다름없던 미국과 일본도 방문해 '현대화'라는 것을 눈으로 직접 확인했다. 사회주의 국가에서도 시장경제가 가능함을 증명하기 위해 '경제 강국으로 가는 세 발걸음'이란 뜻으로 '삼보주三步走'란 100년 계획을 세웠다. '인민이 입고 먹는 문제를 해결하는 것'이 첫째 걸음이고, '중산층 이상으로 생활 수준을 끌어 올리는 것'이 둘째 걸음이며, '중국의 현대화를 실현하는 것'이 셋째 걸음, 현재 중국이 걷고 있는 걸음이다.

1949년 건국 이후 1976년 마오쩌둥이 사망하기 전까지, 중국은 30여년간 극도의 궁핍함에 익숙해진 상태였다. 그럼에도 두 가지만큼은 풍부했는데, 하나는 노동력이고 다른 하나는 천연 자원이었다. 두 가지 모두 산업화에 없어선 안 될 필수 요소다. 특히, 중국 같이 덩치 큰 나라가 산업화로 일어서기 위해선 엄청난 에너지 자원이 필요했는데, 다른 건 몰라도 자원 부족으로 발목 잡힐 일은 절대 없을 정도였다. 1970년대, 초유의 오일쇼크가 두 차례나 전 세계를 덮쳤다. 미국이 출렁이던 그때도 중국엔 석유가 넘쳐났다. 1973년 1차 오일쇼크 때에는 일본, 필리핀 등에 석유를 수출해 쏠쏠한 재미를 맛보며 국가의 주요 수입원으로 삼기도 했다.

1978년, 덩샤오핑이 이끈 개혁·개방 정책으로 중국은 30여 년의 중앙집권적 계획경제를 접고 시장경제 체제를 받아들였다. 이후, 중국의 경제 성장률은 꼬리에 로켓포를 단 것마냥 솟구쳐 올랐다. 엄청난 자원 보유국임에도 자급자족이 불가능할 정도로 에너지 자원의 소비가 덩달아 폭증했다. 개혁개방 15년 만에 중국은 에너지 순純 수입국으로 전환했다.

중국의 에너지 소비는 산업계에서 사용된 증가량도 어마어마했지만, 주거용으로 사용된 에너지 증가량은 가히 사상 최고였다. 1982년까지만 해도 중국 인구 10억 8000만 명 중 8억 명은 전기도 없는 두멧골에 살고 있었다. 그러나 2015년에는 중국 인구 13억 7000만 명 중 도시 인구가 56.1퍼센트까지 늘어나 7억 명 이상이 도시에 살게 됐다. 경제 성장으로 살림살이가 나아지자 각종 가전제품 사용도 늘어나고 덩달아 에너지 소비가 늘어나는 연쇄 반응이 계속된 것이다. 2015년 중국의 주거용 에너지 소비량만 석탄으로 환산하면 약 5억 톤에 달한다. 인구 2억 명이 넘는 브라질 전체 에너지 소비량을 넘는 양이다.

2009년, 중국은 미국을 제치고 세계 1위 에너지 소비국이 됐다. 1년 뒤엔 일본을 제치고 세계 2위의 경제 대국으로 올라섰다. 에너지 소비 폭증은 물론이고, 구리, 알루미늄, 아연, 철광석 등 경제 성장에 필요한 대부분의 원자재를 대규모로 수입해 국제 원자재 가격 급등 사태까지 발생시킨 중국은 '원자재 블랙홀'이 되었다.

경제 성장과 맞바꾼 맑은 하늘

넘치는 석탄, 많이 태울수록 성장하는 제조업 기반의 경제
오늘날 중국의 PM이 극도로 악화된 주요 원인 중 하나는 경제 성장에 필수적인 막대한 에너지 소비의 대부분을 석탄 중심으로 충당해왔기 때문이다. 1960년대에도 대기 오염은 발생했으나 미미한 수준이었다. 주목할 수준의 대기 오염이 처음 관찰된 것은 1970년대 후반이었다. 석탄 화력발전소와 산업단지에서 사용한 석탄의 이산화황이 원인이었다. 1980

년대에는 이산화황이 만들어낸 독한 산성비가 북부 지역 주요 도시에 피해를 끼쳐 일반 국민도 석탄산화물(이산화황)이 해로운 물질이란 것을 인식하게 되었다. 그럼에도 오히려 2013년 중국의 석탄 소비량은 42억 4000만 톤에 달했다. 참고로, 당시 한국의 석탄 소비량은 1억 2955만 톤이었다. 중국의 경제 규모는 한국의 7.7배였으나 석탄 소비량은 35배를 훌쩍 넘겼다.

중국에게 석탄의 최고 장점은, 가격이 싸다는 건 물론이고 자국 땅 아래 어마어마하게 많은 양이 묻혀 있다는 것이다. 중국은 세계 석탄 소비량의 49퍼센트를 소비하면서 동시에 세계 석탄 생산량의 46퍼센트를 담당하고 있다. 무연탄 매장량은 620억 톤, 갈탄 매장량은 520억 톤에 달해 미국, 러시아에 이어 세계 3위의 매장량을 자랑한다. 중국 정부는 풍부한 석탄 매장량을 바탕으로 가진 자의 여유까지 보여주는데, 1950년부터 1980년까지 화이허강淮河과 친링산맥秦嶺山脈을 경계로 북부 지역 ― 대략, 중국을 가로로 이등분했을 때 위쪽 ― 에 위치한 모든 도시의 가정과 사무실에 11월부터 3월까지 겨울 난방용 석탄을 무료로 무제한 공급했다. 겨울마다 보일러에서 쉴 새 없이 뿜어져 나오는 각종 오염 물질이 도시를 뒤덮었다. 농촌에서도 값싼 석탄이 난방, 취사용으로 널리 사용됐다.

한편, '세계의 공장'이라 불리는 거대 제조업 국가가 자국 산업계의 무지막지한 전력 수요를 당장 충당할 방법도 석탄을 태우는 것 외에는 아직 딱히 없다. 2016년, 중국에서 생산되는 전기의 72.2퍼센트는 석탄 화력발전으로 만들어졌다. 수력은 17.1퍼센트, 풍력은 3.4퍼센트, 태양광은 1.1퍼센트밖에 되지 않는다.

안타까운 것은 오염 물질이 대기 중으로 발산되기 전에 미리 차단할

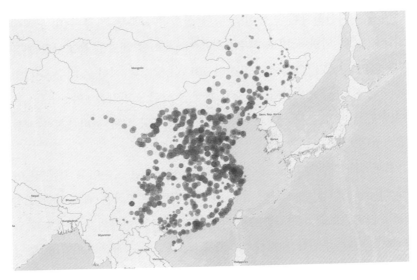

그림 34 중국의 석탄 화력발전소 위치

수 있는 전기집진설비, 질소산화물 처리를 위한 탈질설비, 황산화물 처리를 위한 탈황설비 등의 도입에 중국이 매우 소극적이었다는 사실이다. 2010년 중국 대기 오염 구성 물질인 이산화황의 86퍼센트, 질소산화물의 61퍼센트, 1차 PM10의 40퍼센트, 1차 PM2.5의 34퍼센트가 석탄에서 생성된 것으로 확인됐다. 중국 내 2,300개가 넘는 괴물 석탄 화력발전소와 수많은 제철소 및 제조업체 중에서 오염 물질 처리 시설을 제대로 갖춘 곳은 드물었다. 여기에 중국 전역에 퍼져 있는 2만 4000개 이상의 석탄 탄광 및 수출입 야적장 등에서 발생하는 날림먼지에 대한 관리도, 대책도 없었다. 만약 제대로 된 대책이 있었다면 중국이 지금처럼 누워서 줄담배 피우는, 또 봄과 겨울마다 한반도에 대고 이를 뿜어대는 일은 발생하지 않았을 것이다.

개혁개방 이후 중국이 이룬 경제 성장 속도는 인류 역사상 가장 빠른 기록을 보여 '경제 기적'이라 표현되고 있다. 그러나 경제 기적의 추진력은 허공에서 솟아난 것이 아니다. 그들 발아래 석탄에서 회색 연기로 뿜어져 나온 것이다. 30년 동안 중국을 키운 건 8할이 석탄이다.

자전거 왕국의 변절

1950년부터 2000년 초까지, 중국은 '자전거 왕국'이었다. 베이징의 자전거 출근길 행렬을 접한 외국인들은 상상을 초월하는 규모에 기겁했다. 1990년대 초반에 베이징을 누빈 자전거 수만 730만 대 이상이었기 때문이다.

자전거는 중국인의 일부였다. 어린아이부터 노인까지 페달을 밟을 힘만 있다면 누구나 자전거를 탔다. 출퇴근, 등교, 쇼핑 등 자전거 없는 삶은 상상하기 어려울 정도였고, 기념일이나 결혼 선물용 최고 인기 아이템 또한 자전거였다. 심지어 리펑李鵬 전 총리는 1989년 2월 조지 부시 George Bush 전 미국 대통령 내외가 베이징을 방문했을 때에도 두 대의 하얀 자전거를 선물했다. 초강대국 대통령에게도 자신 있게 선물할 만큼 자전거는 중국을 대표하는 상징물이었다.

2003년까지만 하더라도 중국은 전 세계 자전거 생산량의 3분의 1에 달하는 7800만 대의 자전거를 생산했다. 가구당 1.43대를 보유하고, 전국적으로 5억 대 이상의 자전거가 보급돼 있었다. 자전거를 구입할 때는 파출소에 신고를 해야 했고, 매년 초에는 원화 기준 약 600원 정도의 자전거 보유세를 내기도 했다.

그러나 본격적으로 경제가 성장한 2000년대 중반부터 중산층이 확대되자, 이들은 순간의 망설임도 없이 자전거를 버리고 자동차로 마음을

그림 35 1990년대 초의 베이징 출근길 모습

돌렸다. 자전거와의 이별은 빠르게 퍼져갔다. 중국은 2009년에만 1360만 대의 자동차가 판매돼 미국을 제치고 세계 최대의 자동차 시장으로 올라섰다. 2013년에는 세계 최초로 연 2000만 대 이상의 자동차가 판매됐고, 2016년에는 2800만 대를 기록했다. 참고로, 2017년 중반까지 한국에 등록된 모든 자동차를 합한 수는 2200만 대다. 중국에서는 이만큼의 차량이 2013년 무렵부터 해마다 늘어나고 있는 것이다.

2017년 상반기까지 중국에 등록된 자동차 수는 2억 500만 대다. 오토바이 등을 포함하면 3억 400만 대에 달한다. 이렇게 많은 차량의 배기구와 타이어, 브레이크 패드 등에서 배출된 PM 때문에 중국 대도시의 대기 오염이 훨씬 더 심해지고 있다.

2014년 1월 1일 중국 최고의 자연과학 학술 기관인 중국과학원Chinese

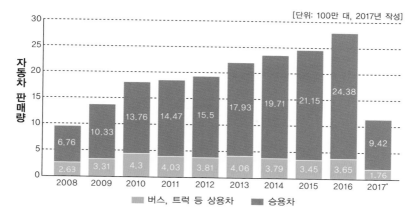

그림 36 **중국 연간 자동차 판매량(2008~2017년)**

Academy of Sciences(CAS)이 발표한 베이징 PM2.5의 주요 발생원은 '2차 무기 에어로졸secondary inorganic aerosol'이 26퍼센트, 공장 등에서 발생한 산업 오염원이 25퍼센트, 석탄 연소가 18퍼센트라고 밝혔다. 에어로졸이란, 대기 중에 떠다니는 액체·고체 상태의 모든 작은 입자를 말한다. '2차 무기 에어로졸'은 자동차에서 가스 형태로 배출된 질산염, 황산염 등이 공기 중의 암모니아와 반응해 생성된 2차 PM이다.

이런 조사 결과는 계절이나 조사 기관 등에 따라 조금씩 차이를 보이는 편이다. 칭화대학과 베이징대학교의 조사에서는 자동차가 베이징 PM2.5 전체 배출량의 20~30퍼센트를 차지하는 것으로 나타났다. 중국의 대기 오염을 연구하는 수많은 해외 대학과 기관 들도 베이징 PM2.5 기여도 면에서 자동차가 가장 큰 부분을 차지한다는 주장에 대부분 동의한다. 최종적으로 확인해야 할 기관의 정보는 중국 정부의 발표다. 2015년 베이징 환경보호국 발표에 따르면 베이징에서 발생한 총 PM2.5에서 자동

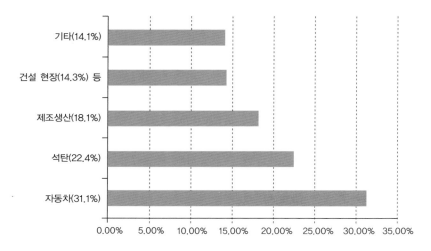

기타(14.1%)

건설 현장(14.3%) 등

제조·생산(18.1%)

석탄(22.4%)

자동차(31.1%)

0.00% 5.00% 10.00% 15.00% 20.00% 25.00% 30.00% 35.00%

그림 37 베이징 PM2.5의 배출원

차가 31퍼센트를 차지해 석탄 22퍼센트, 제조·생산 18퍼센트, 건설 현장의 14퍼센트보다 많은 것으로 나타났다. 또한 베이징 PM2.5의 최대 발생원은 자동차가 배출한 질소산화물과 휘발성 유기화합물이라고도 밝혔다. 자전거를 밀어내고 베이징 거리를 장악한 자동차가 베이징 PM2.5의 3분의 1을 만들어낸다는 주장이 공식적으로 인정된 것이다.

몇 해 연속 자동차 판매 수가 연간 2000만 대 이상이었으니 그만하면 살 사람은 다 샀을 것도 같지만, 중국의 13억이란 인구를 잠시도 잊어서는 안 된다. 2016년 기준으로 중국 인구 1,000명당 자동차 보급 대수는 여전히 낮은 140대에 불과하기 때문이다. 참고로, 2014년 기준, 미국은 797대, 일본은 591대, 한국은 459대였다. 중국이 적어도 한국의 비율만큼 자동차를 보유하려면 자동차가 세 배 정도로 늘어나야 한다. 석유 소비량을 비교해 봤을 때도 중국의 사용량은 이제 막 시작된 수준에 불과

그림 38 귀성 차량으로 50차로가 마비된 베이징 인근 톨게이트(2015년 10월 6일)

하다. 한국의 1인당 하루 석유 소비량은 7.3리터지만, 중국은 1.1리터에 불과하기 때문이다.

현재의 기술 조건에서 중국이 점차 한국, 일본, 미국과 유사한 수준의 자동차 보급률과 석유 소비율에 도달한다면 대기 오염은 얼마나 더 악화될까? 이것은 비단 대기 오염의 문제만이 아니라 환경 재앙 수준이 될 수도 있다. 중국 자동차 수가 세 배로 늘어난다면 지구온난화의 주범인 온실가스가 폭발적으로 증가하리란 전망은 명약관화다. 중국은 이미 2005년에 미국을 제치고 온실가스 세계 최대 배출국으로 올라섰다. 2014년 중국의 이산화탄소 배출량은 1970년 9.5억 톤 대비 11배나 늘었고, 2015년에는 전 세계 이산화탄소 배출량의 약 3분의 1(29.51퍼센트)을 기록했다. 미국의 배출 기여도는 14.34퍼센트, 일본은 3.4퍼센트, 우리나라는 1.71퍼센트였다. 오염 물질 배출에 관한 한, 그 어떤 통계와 기록도 중국이 가히 압도적이다.

불과 3~4년 전, 대부분의 자동차 회사는 2020년 이후에나 중국 자동차 등록 대수가 2억 대를 넘길 것으로 예측했다. 그러나 중국은 이를 2017년 상반기에 가뿐히 넘겨버렸다. 중국의 자동차 등록 대수는 2020년엔 2억 6000만~3억 대, 2030년엔 5억 대까지 증가해 2000년보다 30배에 가까운 차량이 중국 상공에 배기가스를 뿜을 수도 있다. 이런 상황이 염려된 중국 정부도 전기차를 비롯한 친환경 자동차 구매를 독려하는 정책을 펼치곤 있으나 여전히 전체 판매량의 2퍼센트가 채 되지 않는다. 한편 전기차가 널리 공급된다 한들, 그 많은 전기 소비량을 또 화석 연료로부터 생산해낼 수밖에 없다면, 결국 전기차 확대 정책도 조삼모사 밖에 되지 않는다. 베이징 PM2.5의 30퍼센트를 차지한 현재의 자동차 수가 앞으로 더 많아진다면, 중국 최악의 대기 오염은 과연 어느 수준까지 치달을지, 그 여파는 서해 건너 한반도에 어떻게 작용할지 우려하지 않을 수 없다.

농업 폐기물과 1000년 전통의 폭죽

석탄, 자동차 배기가스 외에도 중국의 PM 총량에서 큰 비율을 차지하는 것은 볏짚, 작물 줄기나 뿌리 등 농업 폐기물 연소다. 허베이성과 네이멍구자치구内蒙古自治區 농업 폐기물의 40퍼센트, 헤이룽장성黑龍江省과 랴오닝성 농업 폐기물의 55퍼센트, 톈진과 베이징 농업 폐기물의 70퍼센트가 연료로 사용되면서 PM2.5를 상당량 발생시키기 때문이다.

이 밖에 단시간에 PM2.5를 대량 발생하는 사례도 많은데, 대표적인 것이 폭죽놀이다. 나쁜 귀신을 쫓는 관습에서 시작된 중국의 폭죽놀이는 천 년 전통의 행사다. 춘절春節 같은 큰 명절이나 공식적인 경축 행사뿐 아니라 결혼식, 개업식, 대학 입학, 승진, 축구 승리 등 축하할 일만 생기면 그곳이 어디든 분위기 고조를 위해 폭죽을 터트린다.

폭죽은 분위기만 고조시킬 뿐 아니라 PM2.5 농도도 폭발시킨다. 중국 최대 명절인 춘절에 폭죽놀이가 밤새 절정에 달하자 '춘절 스모그'라는 표현이 생겨났다. 2015년 춘절에는 폭죽과 불꽃 때문에 베이징의 PM2.5 농도가 기준치의 16배로 급상승했다. 2016년 농도도 전년과 다를 바 없었고, 베이징은 청소차 4,000대, 환경미화원 5만 6000명을 동원해 폭죽 쓰레기 413톤을 수거했다. 전국 200여 개 도시에서 동시다발적으로 PM2.5가 터져나와 60개 도시가 역대 최악의 PM2.5 농도를 기록했다. 2017년 춘절에는 베이징 퉁저우通州, 팡산房山 등 외곽 지역 PM2.5 수치가 1,000$\mu g/m^3$를 기록해 기준치를 30배 가까이 넘겼다. 최고 기록은 이미 2012년 춘절에 세워졌는데, 당시엔 PM2.5 수치가 기준치의 80배에 달했다.

중국의 폭죽놀이는 대기 오염뿐 아니라 다른 위험도 안고 있다. 해마다 수백 명이 목숨을 잃고 수천 명의 부상자가 속출한다는 것이다. 상하이의 경우 2016년 춘절에 경찰과 자원봉사자를 무려 30만 명이나 동원해 폭죽놀이를 강력하게 단속했다. 1990년대 초부터 베이징, 광저우, 상하이 등 대도시를 시작으로 수십여 개 도시에서 폭죽놀이를 금지하고 폭죽 생산 기업을 퇴출시키고 있지만, 중국인의 폭죽에 대한 애착은 여전히 계속되고 있다.

돌이킬 수 없는 토양 오염

오염은 돌고 돈다. 대기 오염이 심한 곳은 땅도 물도 덩달아 오염됐을 가능성이 매우 높다. 중국은 대기 오염뿐 아니라 수질 오염, 토양 오염도 심각한 수준을 넘어선 지 오래됐다. 특히 토양 오염은 이미 돌이킬 수 없는 상태다.

중국 정부가 2014년 발표한 토양 오염 실태 조사 결과에 따르면 중국 전 국토의 16.1퍼센트가 오염된 것으로 나타났다. 이를 농지로 한정할 경우 오염 면적은 전체의 5분의 1 수준인 19.4퍼센트에 달한다. 각종 오염 물질로 범벅이 된 농지가 대략 25만 제곱킬로미터에 육박하는데, 이는 한국 면적의 2.5배나 되는 크기다. 게다가 오염된 토양 40퍼센트에서는 발암성 물질인 카드뮴과 비소가 검출됐다. 중국 정부는 전체 경작지의 14퍼센트에 해당하는 농지 3만 5000제곱킬로미터는 오염이 너무 심각해 농사를 지으면 안 되는 상황이라고 밝혔다.

중국 22개 성, 4개 시, 5개 자치구, 2개 특별행정구 가운데 가장 토양오염이 심각한 곳은 후난성湖南省으로 조사됐다. 공교롭게도 후난성은 중국 제일의 곡창지대다. 2015년 중국 학자들의 연구 결과에 따르면 후난성의 경우, 최소 40퍼센트 이상의 토지가 오염된 것으로 분석됐다. 중금속 발암물질인 카드뮴(Cd)이 기준치의 200배 이상인 검출된 토지도 흔하다. 주물 공장의 용광로 작업 등 제조업 생산 과정에서 배출된 납, 구리, 카드뮴 등이 뒤엉켜 토양을 오염시킨 것이다. 이렇게 각종 중금속으로 오염된 논에서 자란 '카드뮴 쌀Cadmium rice'은 중국 전역으로 유통된다. 수십 년간 중국 대도시가 급속히 팽창하면서 공장 지대가 도시 외곽으로 밀려나는 일이 반복돼 토양 오염 범위도 그만큼 확장됐다.

중국 학자들은 토양 오염이 중국인의 건강을 심각하게 위협한다고 결론내렸다. 오염 지대 인근에서는 이른바 '암 마을cancer villages'로 불리는 곳까지 속속 생겨나고 있다. NGO를 비롯한 민간 연구 기관의 조사에 따르면 중국의 암 마을은 적어도 500개 이상으로 추정하고 있고, 그곳에선 온갖 종류의 암 환자가 속출하고 있다. 경제 발전 과정에서 쏟아져 나온 화학물질과 중금속을 무더기로 불법 매립하고 수십 년간 규제도 없

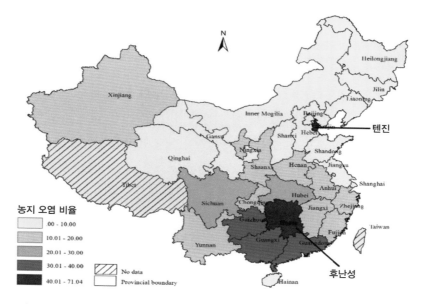

그림 39 **토양 오염에 의한 중국의 농작물 오염 비율**

었기에 사실상 방치돼온 인재라고 봐야 한다. 농약·화학비료 남용도 토
양 오염에 큰 몫을 차지한다. 중국 식품영양안전연구소National Institute
of Nutrition and Food Safety(NINFS)의 2012년 조사에 따르면 16개 성에서
생산된 곡물에서 무려 65종의 농약 성분이 검출됐다. 13억 인구를 먹여
살린다는 명목으로 갖가지 농약을 남용해 곡물 생산량을 확대하는 과정
에서 발생한 부작용인 셈이다.

대기 오염과 토양 오염의 결정판, 수질 오염

수질 오염은 대기 오염과 토양 오염의 결정판이다. 하늘에서 비가 쏟아
지면 공기 중에만 있던 대기 오염 물질이 하수에 쓸려오고, 오염된 땅 속

중금속과 화학물질이 비에 젖어 지하수에 섞여 든다. 거기에 농업 폐수, 축산 폐수, 산업 오폐수 무단 방류가 일상화돼 있고 대체로 인재라고 판명되는 화학 사고마저 빈번하다.

2016년 1월부터 8월까지 중국 전역에서 발생한 폭발·화재 및 오염 물질 유출 등 대형 사고만 232건에 이른다. 월 평균 29건, 대략 하루 한 건씩 어디선가 타오르거나 터져 날아가거나 몰래 흘려버리는 꼴이다, 그것도 대규모로. 공식적으로 신고되지 않은 소소한 사건사고는 말할 것도 없다. 사고로 유출된 각종 화학물질은 그대로 하천에 흘러 들어간다.

한국의 경우 하수처리구역에서 발생하는 하수 55.6억 톤 중 빗물, 지하수 등을 제외한 인공 오수는 약 50억 톤 정도다. 이를 처리하는 데 드는 비용은 톤당 571.3원, 매년 약 2조 9000억 원이다. 중국 전역에서 발생하는 오수는 연간 약 600억 톤 정도로 추산되는데, 그중 정상적으로 하수 처리되는 비율은 10퍼센트밖에 되지 않는다. 중국 정부가 막무가내로 배출된 오수 600억 톤을 모두 처리하려면 재정이 거덜날지도 모른다. 2010년 중국 당국의 조사 결과에 따르면 중국의 하천수 중 18퍼센트는 농업 용수로 쓸 수 없을 만큼 오염됐다. 그런데 중국 북부 지역은 극심한 물부족으로 농수가 늘 부족한 상태다 보니 농민들은 오염된 물이란 걸 알면서도 경작에 끌어다 쓰고 있는 실정이다.

수천 명이 굶어 죽던 중국의 모습은 이제 없다. 개혁개방 이후 32년 만에 중국은 세계 2위의 경제 대국이 되었고, 1위를 향해 질주하고 있다. "성장 먼저, 정화는 나중에grow first and clean up later"라는 국가 기조에 따라 뒤처리는 미뤄 두고 성장했으나, 이제 정화하지 않으면 안 될 시기다. 덩샤오핑이 개혁개방과 함께 '삼보주'를 제시할 당시엔 이렇게 막심한 오염은 미처 상상도 못했을 것이다. 중국은 넷째 걸음으로써 '중국의 오염 문제 해결'을 위해 움직여야 한다. 껍데기만 남은 중국의 자연환경은 이미 뇌사 상태다.

PM 저감을 위한 뒤늦은 발버둥

임기응변의 한계를 보여준 청천정책

중국에 '청천青天 정책'이라는 것이 생겨났다. 이름 그대로 '푸른 하늘'을 보겠다는 중국 정부의 PM 저감 정책이다. 단, 멀리 내다보며 계획한 장기 정책은 아니고, 단기간만 시행하는 벼락치기 정책이다. 청천정책은 대규모 국가 이벤트 기간 동안 그 효과가 입증됐다.

최초의 청천정책은 2008년 베이징올림픽을 앞두고 시행됐다. 베이징 올림픽 조직위원회는 2008년 올림픽을 앞두고 대기환경을 개선하는 데 약 20조 원을 쏟아부었다. 살수차와 먼지 제거용 청소 차량으로 베이징 곳곳을 수시로 청소하고, 차량 2부제를 도입했다. 베이징뿐 아니라 톈진 과 허베이성도 차량 2부제를 실시했다. PM 날림을 막기 위해 베이징 시내 모든 공사 현장은 작업이 중단됐다. 올림픽 개최 10개월 전부터 인근 지역 공장 300여 개가 강제로 폐쇄됐다. 허베이성과 산시성山西省의 석탄 광산도 폐쇄시켰다. 여기서 끝이 아니었다. 베이징올림픽 조직위원회 는 비, 바람, 구름을 조종하는 그리스 신 포세이돈도 깜짝 놀랄 지상 최대 규모의 '인공강우팀'을 발족했다. 로켓 발사대 5,000대와 대포 7,000문, 그리고 5만 3000명으로 구성된 인공강우팀은 베이징 상공에 화학물질을 담은 대포를 발사해 대기 오염을 씻어줄 비를 내리게 만들었다. 베이징 의 온갖 노력 덕분에 청천정책은 성공했다. 2008년 베이징올림픽 기간 내내 전 세계인이 바라본 베이징의 하늘은 푸른빛이 선명했다. 이를 '올림픽 블루Olympic Blue'라고 불렀다.

두 번째 청천정책은 6년 뒤인 2014년에 시행됐다. 2014년 11월 10일부터 11일까지 제26회 아시아태평양 경제협력체Asia-Pacific Economic Cooperation(APEC)가 이틀간 베이징에서 열렸다. 한국에서도 2005년에 개최한 바 있는 APEC은 세계 인구의 40퍼센트, GDP의 52퍼센트, 교역량의 45퍼센트를 차지하는 세계 최대의 지역 협력체로, 21개 나라가 참여해 매년 열리는 국제 행사다. 중국은 APEC 개최 몇 개월 전부터 시진핑習近平 주석, 리커창李克强 총리, 장가오리張高丽 부총리 등 최고 지도자들이 직접 청천정책을 진두지휘했다. PM 배출원을 단속하기 위해 43만 4000명에 달하는 공산당 간부를 베이징 및 톈진, 허베이성, 산시성, 산둥성山東省, 허난성, 네이멍구자치구까지 구석구석에 파견했다. 베이징과 인접 지역에 산재한 공장 1만여 개를 강제 휴업 조치했다. 자동차, 반도체, 철강 등 산업 플랜트industrial plant 6만 100개, 건설 현장과 주유소, 벤처기업을 포함한 12만 3000개 업종의 PM 배출을 면밀히 감시했다. 차량 2부제도 실시하고 주요 공공기관과 학교, 기업은 6일간 강제 휴무에 들어갔다. 차량과 사람의 통행량을 최대한 억제하기 위해서였다.

두 번째 시도한 청천정책도 큰 효과가 나타났다. 베이징 환경보호국 모니터링센터에 따르면 2014년 11월 1일부터 12일까지 PM10, PM2.5, 이산화황, 이산화질소가 직전 해 같은 기간 대비 각각 44퍼센트, 55퍼센트, 57퍼센트, 31퍼센트로 급감했고 과거 5년간 측정한 자료 중에서도 가장 낮은 수치를 기록했다. 해외 언론에서도 대서특필했을 만큼 베이징 하늘은 푸르다 못해 시릴 정도로 쾌청했다. '올림픽 블루'에 이어 'APEC 블루APEC Blue'란 신조어가 만들어졌고 중국 언론들은 앞다퉈 중국 정

그림 40 APEC 기간인 2014년 11월 6일 베이징(아래)과 청천정책 시행 전 상태로 돌아온 2014년 11월 19일의 베이징(위)

부와 시진핑 주석의 영도력을 칭송하는 기사를 쏟아냈다. 2014년 중국 최고의 유행어도 'APEC蓝(APEC 블루)'일 정도로 당시의 베이징 하늘은 굉장한 화젯거리였다.

이후 청천정책은 2016년 저장성浙江省 항저우杭州에서 개최된 'G20 정상회담', 매년 3월 국가 운영 방침이 정해지는 중국 최대의 정치 행사인 양회兩會, 즉 '전국인민대표대회'와 '전국인민정치협상회의' 등 굵직한 국내외 행사 때마다 시도됐다.

손님맞이용 청천정책의 효과는 올림픽 블루와 APEC 블루가 충분히 입증해주었다. 그러나 청천정책은 심한 요요 현상을 부르는 맹목적 다이어트와 다름없다. 청찬은 정부가 차지하고, 부작용은 고스란히 국민에게 돌아온다.

2014년 11월 APEC 개최 전부터 베이징과 허베이성 일대엔 난방이 금지됐다. APEC 기간 중 감기 환자가 전년도 같은 기간에 비해 열 배 늘었다. APEC 컨벤션센터가 들어선 지역은 취사까지 금지해 밥도 지어먹지 못했다. 이런 피해를 감수한들 청천정책이 끝나면 곧장 PM 농도가 치솟았다. 치솟다 못해 되려 전보다 더 나빠졌다. 청천정책의 부작용을 베이징대학이 연구한 결과가 있다. 2013년 12월부터 2016년 3월까지 중국 주요 도시 189곳의 공식 대기질 데이터를 조사했는데, 주요 도시에서 보통 닷새간 개최되는 연례 정치대회 기간 중 평균 대기질 지수는 연평균 오염도보다 4.8퍼센트 정도 낮았으나, 대회 직후 닷새간의 대기질 지수는 연평균 오염도보다 오히려 8.2퍼센트 높은 것으로 나타났다.

청천정책의 주요 방안에서 알 수 있듯이, 중국 정부가 취하는 조치는 주로 오염원인 공장 문을 강제로 닫게 하고 차량 운행을 통제하는 것이다. 베이징대학 연구진은 해당 공장들이 가동 중단으로 인한 경제적 손실을 메꾸기 위해 청천정책 종료 직후 공장 설비를 최대 수준으로 가동하기 때문에 일종의 '보상 오염'이 발생하며, 정치적 결단으로 며칠간의 푸른 하늘은 단기적으로 가능하지만 결과적으로는 오염 상태를 더 악화시킨다고 지적했다. 따라서 청천정책은 근본적인 PM 저감을 위한 시도가 아니라 단지 보여주기에 불과한 공산당의 전형적인 선전propaganda 행위라고 볼 수 있다.

현재는 '청천'이라는 표현을 다른 곳에 사용 중이다. 중국의 PM 발생 원인 규명과 저감을 위해 2015년 6월 설립된 한·중 공동연구단의 '중국 북부 지역 대기질 공동 조사'를 '청천 프로젝트(2017.5~2020.7)'라 부른다. 청천 프로젝트는 스모그 발생 원인을 추적, 규명하기 위한 한·중 공동 대규모 현장 조사로서 베이징을 비롯해 톈진, 다롄, 칭다오, 창다오, 바오

딩 등 중국 북부 지역의 주요 여섯 도시를 조사할 계획이다.

기막힌 조삼모사: SNG 사용량 확대 정책

장기간 지속된 PM으로 정부에 대한 민심의 불만이 커지자 공산당의 통제를 받는 언론들조차 눈치껏 정부를 비판하며 나섰다. 다급해진 정부는 PM 저감을 위한 새로운 정책을 내놓았다. 꽤 효과적이라며 자신 있게 제시한 '합성천연가스Synthetic Natural Gas(SNG) 사용량 확대 정책'이다. 이는 현재 가장 심각한 PM 배출원인 석탄을 SNG로 전환하는 작업을 말한다. 석탄을 고온, 고압에서 가스화gasification시킨 후 불순물을 제거하고 메탄(CH_4)을 합성하는 공정을 거치면, 천연가스(주성분 메탄)와 동일한 성질과 상태를 가진 가스, SNG가 만들어진다. 석탄이 풍부하긴 하지만 석탄을 직접 태워서 쓰면 PM이 발생하니까 이를 SNG로 한 번 바꾼 뒤에 사용하겠다는 계획이다.

SNG의 이점은 석탄이 함유하고 있는 유독성 황, 질소 화합물 등 유해 물질이 생산 과정에서 제거된다는 것이다. 2017년 3월 6일 《미국 국립과학원회보Proceedings of the National Academy of Sciences of the United States of America》에 게재된 캘리포니아대학교 버클리캠퍼스, 프린스턴대학교, 베이징대학교 공동 연구진의 논문 〈중국의 합성천연가스 개발이 대기질, 건강 및 기후에 미치는 영향Air quality, health, and climate implications of China'ssynthetic natural gas development〉에 따르면, 석탄 대신 SNG를 발전용·산업용·가정용으로 사용하면 대기 오염 물질이 확연하게 줄어드는 것을 확인했다. 특히 비효율적이고 통제가 거의 불가능해 조리, 난방 등에 대책 없이 사용되는 가정용 석탄을 SNG로 바꿀 경우에는 이산화황, 질소산화물, PM10, PM2.5 배출량이 대폭 줄어들고, 동시에 조기 사

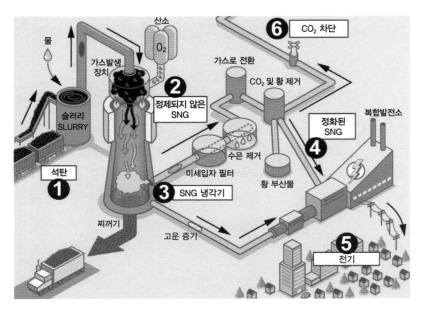

그림 41 석탄의 SNG 전환 과정

망자 수 역시 연간 3만 2000명(최소 2만~최대 4만 명)이나 줄어들 것으로
추정했다.

'드디어 방법을 찾았구나!' 싶지만, 세상에 완벽한 것은 없다. SNG도
마찬가지다. SNG가 안고 있는 고질적인 문제는 지구 온난화의 주범인
이산화탄소를 대량 발생한다는 점이다. SNG를 조리 및 난방용, 발전용
에너지, 산업용 에너지로 사용하면 동일한 양의 에너지를 제공하는 석탄
을 직접 연소하는 것보다 각각 10퍼센트, 40퍼센트, 70퍼센트나 더 많은
이산화탄소를 배출한다. 심지어 이산화탄소가 대기 중으로 발산하는 것
을 차단하는 '탄소 포집 및 저장Carbon Capture and Storage(CCS) 기술' 등
첨단 방식을 사용하더라도 SNG는 천연가스보다 이산화탄소를 22~40

퍼센트나 더 배출하는 것으로 나타났다.

게다가 SNG 사용량을 높였을 때, 석탄 사용량도 덩달아 늘어나는 것으로 나타났다. 예를 들어, 네이멍구자치구 츠펑시赤峰市에 위치한 커치克旗 SNG 플랜트에서는 연간 40억 세제곱미터의 SNG를 배관을 통해 베이징에 제공하게 된다. 이 정도의 SNG라면 베이징의 연간 석탄 소비를 900만 톤이나 줄일 수 있다. 반면 40억 세제곱미터의 SNG를 만들기 위해 필요한 석탄의 양은 1200만 톤이다. 연간 이산화탄소 배출 순 증가량이 377만 톤에 달하게 된다. 석탄 300만 톤이 더 필요하게 된 이유는 SNG로 전환하는 과정에서 석탄이 가진 모든 에너지가 가스화되지 않고 일부는 증발하거나 사라지기 때문이다.

2015년 12월 12일 프랑스 파리에서 맺은 '파리기후변화협정'[20]에 따라 중국은 2030년까지 탄소 집약도carbon intensity를 2005년 수준의 60~65퍼센트까지 줄이겠다는 목표를 제시했다. 또 2017년 6월 1일 미국이 파리기후변화협정 탈퇴를 선언하자 중국은 협정의 준수를 주장하며 미국의 공백을 중국이 메우겠다는 의사를 확실히 했다. 미국 대신 글로벌 환경 리더로 나서 국제 사회의 이슈를 주도하겠다는 강력한 의지를 내비친 것이다.

그럼에도 중국 정부는 이산화탄소냐 PM이냐의 갈림길에서 자국민의

---

20 파리기후변화협정은 지구 평균 온도가 산업혁명 이전보다 2도 이상 상승하지 않도록 온실가스 배출량을 단계적으로 감축하는 내용을 담고 있다. 2016년 11월 발효된 파리기후변화협정은 2020년부터 선진국뿐 아니라 개발도상국도 의무적으로 온실가스 감축에 참여하도록 하였다. 선진국들만 참여하는 〈교토의정서〉의 경우 전 세계 국가의 14퍼센트만 참여한 반면 파리기후변화협정에는 전 세계 97퍼센트의 국가가 참여하였다. '파리협정'을 통해 지난 20년간의 기후변화 협상 과정에서 획기적인 계기가 마련됐다고 할 수 있다.

원성을 감안해 일단 눈으로 결과를 확인할 수 있는 PM을 선택했다. 따라서 중국이 국제 사회를 대상으로 공언한 이산화탄소 감축 목표 달성까지 남은 거리는 더욱 멀어졌다. 중국의 SNG 사용 확대는 중국 상공의 PM 저감에는 효과적일 수 있으나 이산화탄소 배출 증가로 온난화를 가속화시켜 인류와 지구 전체에 환경 피해를 끼치는 근시안적 선택이다. 조삼모사朝三暮四라는 고사성어는 이럴 때 사용하는 것이 적절하지 않을까? 중국에는 현재 네 기의 SNG 플랜트가 가동되고 있고, 앞으로 무려 40기의 플랜트가 건설 허가를 신청했거나 건설될 예정이다. PM이 해결해야 할 문제인 것은 확실하지만, 이산화탄소 과다 발생으로 인류 전체를 볼모로 삼는 방법은 마땅한 대안이라 할 수 없다.

지속 가능한 생존 환경 만들기 I: 석탄 퇴출과 대체에너지

중국 정부가 PM 저감을 위해 조삼모사식의 단기 정책만 펼치는 것은 아니다. 실질적인 PM 저감을 위해 강력한 정책도 추진하고 있다. 한 예로, 2018년까지 건설 예정이거나 건설 중인 석탄발전소 103기의 건설 사업을 취소해 석탄에 기반을 둔 발전량을 축소하기로 하고, 석탄이 풍부한 중국의 북서부 13개 지역에 건설 중이던 10여 개 석탄발전소의 건립을 중단했다. 이들 13개 발전소가 완공됐더라면 독일 전체 석탄 발전량을 초월하는 엄청난 규모가 될 뻔했다. 중국 정부의 석탄 화력 감축 계획은 지난 2008~2009년에 소형 화력발전 설비폐쇄계획을 수립한 이후 차일피일 미뤄지던 상태였다. 2017년 이전까지만 해도 주로 석탄발전소를 오염 물질 초저배출형 혹은 에너지 절감형으로 개조하겠다는 계획이 대부분이었다가 이제야 간신히 본격적으로 단행된 것이다.

이뿐 아니다. 중국은 석탄 소비 억제도 강력하게 추진하고 있다. 덕분

에 21세기 들어 처음으로 2014년 중국 석탄 소비량이 2013년 대비 1.6 퍼센트 감소했다. 감소폭이 큰 건 아니지만, 사용량이 감소했다는 것 자체가 놀라운 성과다. 여기서 그치지 않고 2015년 석탄 소비도 전년 대비 3.7퍼센트 감소했고, 2016년에도 4.7퍼센트가 감소해 앞으로도 그 추세가 이어지리라는 전망이다. 석탄 소비 감소 추세는 곧 석탄 광산 축소를 의미한다. 중국 정부는 2016년 한 해에만 석탄 광산 1,000곳을 폐쇄했다. 또 전국 약 1만 760곳의 광산 중 5,600곳을 추가로 폐광할 예정이고 새로운 석탄 광산 개발 허가도 3년간 중지하기로 했다.

석탄 소비 감소 추세는 중국 경제가 지난 30년간의 고속 성장을 마치고 뉴노멀New Normal의 중국식 표현인 '신창타이新常態,' 즉 경제 성장세가 둔화되는 새로운 단계로 진입한 영향이 크다. 여기에 중국 정부가 추진하는 산업 구조 조정, 첨단 기술 산업의 비중을 확대하고, 에너지 과다 소비 산업을 포함한 2차산업 비중을 축소하는 정책도 석탄 소비 감소에 기여하고 있다.

중국 정부는 석탄 화력발전소 감축으로 부족하게 될 에너지 수요의 상당량을 원자력 발전으로 대체하려 하고 있다. 중국 정부 입장에서 본 원자력은 대기 오염 감소 측면에서 매우 효과적이며, 발전 단가 또한 석탄에 비해 크게 비싸지 않은 미래 에너지원이다. 때문에 안전성 논란이 있음에도 2017년 현재 36기의 원전을 운용 중이며, 무려 20기의 원전을 만들고 있다. 여기에 매년 20조 원 규모를 투자해 원전 6~8기씩 추가 건설해 2030년까지 무려 110기의 원자로를 가동할 계획이다. 지금의 추세라면 2030년경엔 110기의 원자로가 중국 동부 해안 곳곳에 세워져 중국이 미국을 제치고 세계 최대의 원전 대국이 될 것으로 보인다.

가장 많은 오염 물질을 배출하는 국가도 중국이지만, 신재생에너지 생

표 15 산업별 전력 소비 변화

분류	2010년	2015년	변화(%P)
전체 전력 소비	100.0	100.0	0.0
1차 산업	2.3	1.8	−0.5
2차 산업	74.9	72.2	−2.7
3차 산업	10.7	12.9	2.2
가정용	12.1	13.1	1.0

산의 선두에 있는 국가도 중국이다. 2015년 10월 30일, 중국 공산당 제 18기 중앙위원회 5차 전체회의(5중전회)가 열렸다. '제13차 5개년계획 (2016~2020년)'을 의미하는 '13.5규획'에서 환경보호로 대표되는 '생태 문명' 건설 목표를 경제 발전 규획에 사상 처음으로 명시했다. 이에 따라 중국 정부는 석탄의 비중을 2020년 62퍼센트 이하로 제한하는 대신, 비화석 연료인 태양열, 태양광, 풍력, 수력, 지열, 해양, 바이오 등 신재생에너지의 비중을 15퍼센트로 높이고, 2030년까지 그 두 배인 30퍼센트로 늘려 전체 에너지 비중의 20퍼센트까지 확대하겠다는 계획을 마련했다. 국제에너지기구(IEA)는 2020년 중국의 신재생에너지 발전 용량이 현재 영국 총 발전 용량의 세 배에 달하게 되고, 세계 신재생에너지 발전 용량 증가분의 약 40퍼센트를 차지할 것이라고 전망했다. 중국 정부는 한 발 더 나아가 2020년까지 신재생에너지 분야에 360조 원 이상을 투자해, 세계에서 가장 빠르게 발전하는 산업 중 하나인 신재생에너지 분야 시장을 석권할 계획을 갖고 있다.

석탄과 쌍벽을 이루는 대표 오염 발생원은 석유, 즉 자동차다. 중국의 자동차 수 증가 추세는 불 보듯 뻔하기 때문에, 배기가스 PM을 줄이기 위한 정책도 강력하게 추진 중이다. 2017년부터 차량 배기가스 배출 기준을 강화하고, 전국적으로 유럽의 기준인 '유로 5EURO 5'[21]와 유사한 '궈 5国V' 배출가스 기준을 확대 시행했다. '궈 5' 규정은 배기가스 배출량을 규제하기 위해 베이징이 처음 시행한 것으로, 1999년 '궈 1' 이후 2002년, 2005년, 2008년 세 차례 단계 강화를 거쳐 2012년 전후 '궈 5'로 확대 시행해왔다. '궈 5'는 소형 휘발유 차량부터 중형 디젤 엔진 차량(버스, 환경 미화용 차량, 우편용 차량) 순으로 2016년 4월 1일부터 베이징을 비롯해 톈진, 상하이, 허베이성, 랴오닝성, 장쑤성江蘇省, 저장성, 푸젠성福建省, 산둥성, 광둥성廣東省, 하이난성海南省 등 11개 도시와 지역에서 시행 중이다. 2017년부터는 세계에서 가장 강력한 배출가스 규제 기준인 '유로 6'와 같은 수준으로 맞춘 '궈 6'를 베이징, 상하이 등 대도시를 중심으로 도입하고 전국적으로 확대할 계획이다.

베이징에선 2017년 2월 15일부터 노후 차량인 '궈 1', '궈 2' 차량의 도심 진입이 일부 차단됐다. 2016년 11월 베이징 환경보호국이 발표한 '베이징 대기 오염 응급예방안' 최신 수정판이 2017년 2월 15일부터 정식

---

21 유로 5는 유럽연합이 정한 자동차 유해가스 배출 기준이다. 이에 따르면 유로 4보다 일산화탄소, 질소산화물 등 각종 오염 물질을 24~92퍼센트까지 줄여야 한다. 1993년 일반 승용차 및 경트럭을 대상으로 유로 1 환경 규제가 처음 시행됐으며, 단계적으로 강화돼 2013년부터 유로 5보다 배출가스를 30~50퍼센트를 추가 감축해야 하는 유로 6 규제가 시행되고 있다. 유로 6 기준을 초과하는 차량은 신규 등록 자체가 불가능하다. 우리나라는 2015년부터 유로 6를 적용하고 있다.

시행되면서다. 이에 따라 '궈 1', '궈 2' 차량은 평일(월~금) 우환루五环路 진입이 금지된다. 만약 해당 차량의 운행이 적발되면 벌금 100위안(1만 7000원)이 부과되며 이 벌금 기록은 네 시간 후 다시 갱신된다. 벌금 받은 지 네 시간 후 또 적발되면 벌금을 또 내야 하는 것이다. 노후 차량이 아니더라도 연례 정기 검사나 불시 점검에 통과하지 못한 자동차라면 역시 도로에서 퇴출될 예정이다.

베이징 환경보호국의 노후 차량 우환루 진입 금지는 실질적으로 베이징 도심은 물론 근처에도 얼씬하지 말라는 것이나 다름없다. 거대 국가의 수도답게 베이징의 규모는 실로 거대하다. 인구만 2170만 명, 크기는 한반도 휴전선 이남의 강원도와 비슷하며 서울의 28배에 달하는 초거대 도시다. 베이징의 도로 중에는 톈안먼 광장을 중심으로 시내를 원형으로 도는 도시 고속도로들이 있는데, 얼환루二環路, 싼환루三环路, 쓰환루四环路, 우환루, 리우환루六环路라고 불리는 도로들이다. 이 도로들을 경계로 베이징 시내를 얼환-리우환으로 부르기도 한다. 일반적으로 베이징에서 도심이라고 부르는 건 쓰환까지다. 베이징 한인 밀집 지역인 왕징望京은 쓰환과 우환 사이에 있고, 우환과 리우환은 외곽 지역이다. 리우환루(187.6킬로미터)는 서울의 서울 외곽순환고속도로(128킬로미터) 정도로 보면 이해하기 쉬울 듯하다.

베이징 환경보호국은 자동차 연료에도 독자 기준을 마련해 2017년부터 시행에 들어갔다. 2016년 10월 31일 베이징 환경보호국은 '베이징 제6단계 차량용 휘발유 및 경유 지방 표준'을 발표하고, 2017년 1월 1일부터 시행하였다. 이 표준에 부합하지 못한 자동차용 휘발유와 경유는 생산 수입 판매 자체가 엄격히 금지된다. 베이징 제6단계 기준이 정착될 경우, 휘발유 차량은 PM 배출량이 10퍼센트, 비非 메탄 유기가스 및 질

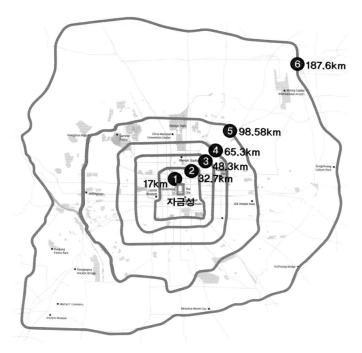

그림 42 베이징의 환로 지도 1. 자금성, 2. 얼환루, 3. 싼환루, 4. 쓰환루, 5. 우환루, 6. 리우환루

소산화물이 8~12퍼센트 감소하고, 경유 차량은 질소산화물 4.6퍼센트, PM 9.1퍼센트, 총 탄화수소 8.3퍼센트 , 일산화탄소 2.2퍼센트가 감소할 것으로 예상하고 있다.

중국은 장기적으로 기름 넣고 달리는 자동차를 완전히 없앨 계획을 세우고 있는 것으로 보인다. 몸 풀기 계획으로, 2018년부터 전기차 의무 판매를 시행해 중국에서 차량을 판매하는 국내외 자동차 업체는 2018년 전체 차량의 8퍼센트를 전기차로 생산해야 한다. 이는 해마다 2퍼센트포인트씩 늘어나, 2019년에는 10퍼센트, 2020년에는 12퍼센트까지 높아지게 된다. 이를 충족하지 못할 경우 다른 회사의 전기차를 구매하거나 벌금을 내야 한다. 최악의 경우 중국 내 판매 중단 조치를 받을 수도 있다.

최근 몇 년간 중국 정부가 조금 달라졌다. 과거와는 달리, PM 저감 규제만 발표하고 끝내기보다는 그 이행 여부까지도 확인하는 모습을 보이는 것이다. 2017년 6월에만 수도권인 징진지에서 사상 최대 규모의 환경 감찰이 실시됐다. 무려 5,600여 명에 달하는 환경 단속 요원이 투입되었고, 환경 위성까지 동원해 오염 물질 배출 업체에 대한 그물망 수색을 벌였다. 이에 앞서 이미 2017년 4월에만 5,713개 업체에 대해 감찰을 실시해 전체의 67퍼센트인 3,832개 업체가 오염 관련 규정 위반으로 적발됐다. 야간, 공휴일, 연휴 기간에도 기습 감찰과 대대적인 단속을 상시화해 오염 물질 불법 배출 업체를 속도감 있게 줄여 나가기로 했다.

중국의 이중적 행태

전 세계가 관심 있게 지켜보고 있는 가운데, 중국 정부의 강력한 PM 정책은 깊숙이 박힌 대기 오염의 뿌리를 속 시원히 뽑아낼 수 있을까? 중국 정부의 한쪽 모습만 본다면 기대감에 부풀어오를 수도 있지만, 뒤집어 다른 쪽 모습을 보면 실망감에 기대를 접게 된다.

가장 염려스럽고 큰 실망은 중국 정부의 이중적인 행태다. 철강 산업은 제조업 중에서도 석탄을 가장 많이 사용하는 대표적인 굴뚝산업이다. 철강 산업에 대한 중국의 애착은 대약진운동 때부터 진즉 알았으나, 이미 공급 과잉인 상태여서 구조조정이 반드시 필요했음에도 이를 아직도 품고 있다. 오래전 가동 중단된 노후 설비들만 폐쇄하고는 오히려 생산량 확대를 독려하며 경영 보조금, 주식 매입, 토지 사용 보조금, 유틸리티 보조금, 원재료 가격 통제, 세제 정책 및 혜택, 통화 정책 등 철강 산업에 온갖 지원을 아끼지 않았다. 특히 대기 오염 물질 차단 설비 설치를 의무화하지 않는 등 환경 규제에 역행하는 이상한 지원을 전폭적으로 해 왔다. 이를 통해 2017년 3월에는 조강crude steel(제품으로 가공되기 전의 철강 원자재) 생산량이 사상 최대치를 기록했다. 중국의 구조조정으로 공급 과 잉이 해소될 것으로 기대했던 전 세계 철강 업체는 철강 가격이 다시 떨 어질까 긴장하고 있다.

PM 문제를 해결하려면 철강, 석유화학 등 전통 제조업을 구조조정해 야 하지만 실물경제의 위축이 뒤따른다. 오염 배출을 원천 차단하는 설 비 의무화도 생산 단가를 높여 가격 경쟁력을 떨어뜨린다. 최근 몇 년 간 중국 경제 상황이 예전만큼 신통치 않다 보니 성장률 하락을 과감하게 감내할 만큼 체력도 자신감도 받쳐 주지 않는다. 이 모든 상황이 중국 정 부의 이중적 행태를 부추기고 있다.

편서풍 뒤에 숨은 중국

무시할 수 없는 편서풍

중국은 자국의 PM이 주변국에 미치는 영향에 대해 "조사가 더 필요하 다."며 모르쇠로 일관하고 있다. 한반도는 중위도 편서풍대에 위치해 있 다. 지구가 자전을 멈추지 않는 이상 한반도에는 서쪽, 즉 중국 쪽에서 늘 편서풍이 불어온다. 편서풍대의 폭은 약 3,000킬로미터 정도로 겨울 에는 넓어지고 여름에는 좁아진다. 따라서 겨울철 서쪽에서 PM을 배출 하면 동쪽에 있는 국가가 직접 피해를 볼 수밖에 없다. 우리나라의 산업 화 시기에는 한반도에서 일본으로 오염 물질이 날아갔고, 중국이 산업화되면서부터는 한국과 일본으로 오염 물질이 날아오고 있다.

2017년 3월 21일 화춘잉華春瑩 중국 외교부 대변인은 정례 브리핑에서 중국발 PM으로 주변국이 피해를 보고 있다는 기자들의 질문에 "매우 잘 알고 있다. 서풍의 영향으로 PM이 월경—국경이나 경계선을 넘는 일— 하는 건 상식이 아닌가. 중국 정부는 한국 정부와 함께 중국발 PM의 월경 규모를 정확하게 파악하기 위해 협력할 것이다."라고 답하는 걸 기대했다면 정상이다. 이건 상식이기 때문이다. 허나 실제 화춘잉 대변인은 "중국 대기 오염이 주변국에 영향을 미치는지에 대해서는 더 많은 과학적이고 전문적인 입증 절차가 필요하다."고 딱 잘라 답했다. 상식 밖의 대답이었다. 중국은 PM이 서쪽에 있는 주변국으로 날아간다는 기본적인 상식조차 '증거가 부족'하다며 발뺌했다. 중국 공산당 기관지《인민일보》의 인터넷판 인민망人民网은 2017년 5월 26일 "한국이 PM 오염원으로 중국을 지목하고 있지만 원인은 분명하지 않으며, 한국이 주로 석탄을 연료로 한 화력발전으로 전력을 생산하고 있다는 점은 도외시되고 있다."고 했다. 공산당의 입이라는 기관지를 통해 중국은 상식조차 통하지 않는다는 것이 재확인됐다.

PM 월경에 대한 중국의 답변 회피는 이제 새삼스러운 일도 아니다. 수년 간 꾸준히 자국의 영향은 거의 없다는 입장만 고수해왔으니 말이다. 사실, 자국의 PM이 국경을 넘든 지구를 돌든 별 관심도 없는 듯하다. 2013년부터 본격화한 베이징 지역의 공장 이전 정책으로 1,500여 개에 달하는 공장이 베이징의 외곽인 허베이성[22] 일대로 뿔뿔이 흩어졌다. 철강, 시멘트, 비철금속제련, 전해 알루미늄, 판유리, 카바이드, 합금주철, 아스팔트, 방수 시트 등 대부분 대기 오염 발생 주범인 업체다. 중국 정부는 2020년까지 2,000여 개의 공장을 동쪽으로 이전 시킬 계획이라고

그림 43 **중국 베이징 및 허베이성 지도**

밝혔는데, 공장에서 발생하는 PM을 근본적으로 줄이기보다는 해안 근처로 모두 옮겨서 해풍이나 편서풍 같은 자연 요인에 PM을 맡겨 보겠다는 셈이다. 이는 2022년에 열릴 베이징 동계올림픽을 '청정 올림픽'으로 개최하기 위해 깔아둔 포석이라고도 볼 수 있다. 베이징 또한 편서풍대에 위치해 있으므로 공장을 베이징의 동쪽으로 옮길 경우 오염 물질이

---

22 한국에 영향을 미치는 중국발 PM 발원지는 중국의 전 지역에 걸쳐 분포하며, 그중에서도 가장 큰 영향을 미치는 PM 발원지는 베이징을 둘러싸고 있는 허베이성에 집중되어 있다. 특히, 스자좡을 비롯한 바오딩, 랑팡, 탕산 등이 바로 대표적인 중국발 PM 발원지다.

베이징 상공을 뒤덮을 가능성은 크게 줄어든다. 지구가 뒤집히는 이변이 없는 한, 베이징의 대기는 크게 개선 될 수밖에 없다. 반면, 중국이 의도한 바는 아니겠지만, 중국의 대기 오염 발생 주범이었던 굴뚝괴물들과 더 가까워진 한국 입장에서는 PM 월경 문제로 대기가 더 오염될 가능성이 높아진다.

중국발 PM이 한국의 대기질에 악영향을 준다는 과학적 물증

중국 정부는 매년 봄마다 한반도를 덮치는 PM이 중국의 영향이란 것을 인정하지 않고 있다. 인정은커녕, 오히려 과학적 증거를 가져오라며 적반하장이다. 한국이 제시할만한 명백한 과학적 물증이 없다는 것을 노린 소행머리였다. 중국의 계산대로, 정녕 이 PM이 'MADE IN CHINA'임을 증명하는 것은 불가능한 것일까. 2018년 3월, 한국 정부가 출연해 설립한 연구기관인 한국표준과학연구원(KIRSS)에서 중국발 오염 물질이 한국에 유입되어 PM2.5 농도를 '나쁨' 수준으로 올렸다는 사실을 과학적으로 입증했다고 발표했다. 즉, 한국에서 포집한 PM2.5가 '중국에서 넘어온 것'이라고 말할 수 있는 직접적이고 명확한 물증을 찾아내는 데 성공한 것이다. 그 동안 중국발 스모그가 한반도로 이동하는 위성사진이나 영상은 쉽게 얻을 수 있었다. 또 컴퓨터 시뮬레이션으로도 스모그가 중국에서 한국으로 넘어오는 결과를 도출할 수 있었다. 허나 이런 것들은 간접적인 증거일 뿐, 직접적인 물증은 아니었다.

중국에서는 최대 명절인 춘절春節을 보내는 것을 과년過年이라고 하는데, 묵은해를 보내고 새해를 맞이한다는 뜻이다. 새해로 넘어가는 순간인 자정이 되면, 천지를 뒤흔드는 폭죽 소리가 춘절을 알린다. 요란한 폭죽 소리는 사악한 귀신을 쫓는다는 의미를 넘어, 명절 분위기를 한껏 고

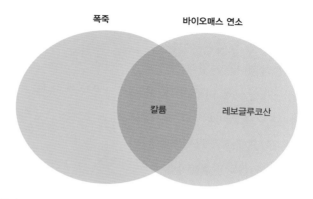

폭죽　　　　바이오매스 연소

칼륨　　　　레보글루코산

그림 44 폭죽과 바이오매스 배출 물질

취시키는 역할을 한다. 이때면 중국 하늘은 온통 뿌연 춘절 폭죽 스모그로 뒤덮이고 PM2.5 농도는 세계보건기구 권고기준의 40~50배를 훌쩍 넘긴다. 문제는 매년 중국이 춘절 분위기에 취할 때마다, 한국은 급격히 심해진 대기 오염에 시달린다는 것이다. 중국의 춘절 폭죽 스모그가 편서풍을 타고 한국에 유입되면서 한반도의 PM2.5 농도 상승에 지대한 영향을 준 탓이다.

　KIRSS 연구진은 PM2.5를 구성하는 물질 중에서 '칼륨'과 '레보글루코산'을 실시간 측정하는 시스템을 개발했다. 칼륨과 레보글루코산의 농도는 바이오매스(biomass: 목재나 농작물 등 화학적 에너지로 사용가능 한 생물체)를 태웠을 경우 동반 상승한다. 다만, 칼륨은 폭죽 연소와 바이오매스 연소 시 모두 배출되지만, 레보글루코산은 폭죽이 연소할 때엔 배출되지 않는다. 만약 레보글루코산의 농도는 변하지 않는데, 칼륨 농도만 급격히 올라간다면, 농작물 등이 아니라 폭죽이 대규모로 터지면서 PM2.5가 발생했다고 해석할 수 있는 것이다.

2017년 중국 춘절이 시작되면서 어김없이 한반도 전역의 PM2.5 농도가 나쁨(51~100$\mu g/m^3$) 수준으로 치솟자 KIRSS 연구진은 이를 포집해 화학적 조성을 분석했다. 그 결과, 이 기간 동안 한국의 대기 중 레보글루코산의 농도는 평상시와 다를 바 없이 변화가 없었지만, 칼륨 농도만큼은 평소보다 7.5배나 높아진 것으로 나타났다. 즉, 한반도를 덮은 PM2.5의 배출원이 바이오매스가 아니라 폭죽이란 것이다. 한국은 중국의 춘절과 같은 시기인 설날에 불꽃놀이를 하지 않고 중국에서만 대규모 불꽃놀이를 한다는 점을 고려했을 때, 폭죽에서 배출된 중국발 PM2.5가 한반도까지 영향을 주었음을 알 수 있는 것이다.

이에 앞서, 또 다른 한국 정부 출연 연구기관인 한국지질자원연구원(KIGAM)에서도 PM2.5를 분석해 중국산임을 규명하기도 했다. 2014년 발표된 KIGAM의 연구결과에 따르면 대전 지역에서 채취한 PM2.5를 분석해 중금속 원소들의 화학적 존재 형태 및 함량을 처음으로 확인했다고 밝혔다. 채취된 PM2.5의 평균 중금속 함량은 카드뮴(Cd) 44피피엠, 비소(As) 290피피엠, 납(Pb) 2,520피피엠, 아연(Zn) 5,490피피엠 등으로 심각하게 오염된 것으로 밝혀졌다. 이런 수치는 토양에 자연적으로 들어있는 세계 평균 중금속 함유량에 비해 카드뮴은 126배, 비소는 40배, 납은 133배, 아연은 92배나 많은 것으로 '중금속 범벅'이라는 표현이 어울릴 정도다.

이들 중금속의 동위원소(원자번호는 같지만 질량수가 다른 원소) 분석 결과, 한국에서 채집한 PM2.5에서 검출된 납의 동위원소 비율이 1.16으로 나타나 중국에서 사용하는 납과 일치함을 확인했다. 이는 검출된 납이 한국에서 배출된 것이 아닌 중국에서 유입됐다는 것을 의미한다. 납은 생산지에 따라 동위원소 비율이 달라지며, 한국은 주로 동위원소 비율이 1.04

표 16 대전과 베이징 PM2.5 중금속 함량 비교(ppm)

원소	대전 지역 대기먼지 평균 중금속 함량	베이징 대기먼지 평균 중금속 함량
구리	990	1,469
납	2,520	2,285
아연	5,490	25,220
비소	290	400
카드뮴	44	140

* 대전 2007~2008년, 45회 채취 / 베이징 2005~2008년, 34회 채취

인 호주산 납을 사용한다.

KIGAM은 이온빔을 이용해 PM2.5의 단면을 잘라 내부 구조를 밝히고, 전자현미경을 이용해 시료가 어떤 성분으로 구성되어 있는지 알아내기 위해 정성분석qualitative analysis을 수행했다. 이를 통해 PM2.5의 유입 경로를 확인할 결정적 단서인 PM2.5 속의 철(Fe)에 함유된 다량의 희토류 원소를 발견할 수 있었다. 희토류는 중국이 세계 생산량(약 95%)과 매장량(약 36%)에서 세계 1위를 차지하고 있는 원소들이다. 게다가 중국에서는 희토류 제련소가 다수 가동되고 있는 반면, 한국은 희토류의 제련 및 정련 공정을 하고 있지 않다. 따라서 한국이 중국발 PM2.5의 직접적인 영향을 받고 있음을 단적으로 추정할 수가 있다.

과학적 물증이 나왔으니, 중국이 과연 이를 받아들이고 현실에 승복할까? 한두 가지 과학적 증거로는 그들의 어처구니없는 억지 주장이 쉽게 꺾일 리 없다. 다만 앞으로 이 같은 과학적 물증이 누적된다면 결국 중국도 한반도의 중국발 PM 공해를 공식적으로 부정하기 어려울 것이다. 그때야 말로 한국 정부와 중국 정부가 PM 저감을 위한 실질적인 협

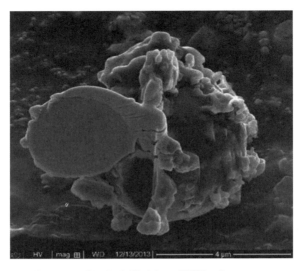

그림 45 PM2.5에 포함된 희토류 원소를 전자현미경으로 분석한 모습

력을 시작할 수 있을 것이다. 한국 정부 기관과 민간 연구소 등에서 중국의 PM에 대해 더 많은 연구를 지속해야만 그 시기를 앞당길 수 있을 것이다.

백두산 폭발로 확인된 편서풍의 위력

혹자는 편서풍을 원망하기도 하지만, 한반도가 편서풍 덕을 톡톡히 본 경우도 있다. 2016년 11월 30일 국제 학술지 《사이언스 어드밴시스 *Science Advances*》에 실린 영국, 스위스, 중국, 미국, 북한 등 국제 공동 연구팀의 논문 〈북한 및 중국에 위치한 백두산의 '밀레니엄 분화' 가스 배출 정량화Quantifying gas emissions from the "Millennium Eruption" of Paektu volcano, Democratic People's Republic of Korea/China〉에 따르면 946년 10월

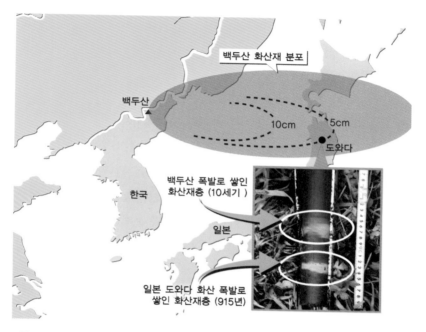

그림 46 1946년 백두산 폭발이 남긴 화산재

에서 12월 사이 백두산에 엄청난 규모의 폭발이 있었고, 당시 대기 중으로 45메가톤(1메가톤=100만 톤)의 황 가스가 방출됐다.

연구진은 백두산 폭발 당시 방출된 황이 19세기 이후 최대 폭발 중 하나로 꼽히는 1815년 인도네시아 탐보라 화산 폭발 때의 양보다 많았을 것으로 추정했다. 탐보라 화산 폭발은 당시 8만 명의 사상자를 냈고, 분출된 화산재가 반경 600킬로미터 지역을 두껍게 뒤덮어 사흘 연속 캄캄한 어둠이 계속됐다. 방출된 가스는 높이 30~40킬로미터 상공까지 솟구쳐 올라가 대기를 덮어 복사열이 감소했다. 이로 인해 수년 간 지구 표면 온도가 1도 넘게 떨어졌다. 연구진의 조사대로 946년의 백두산 화산 폭

발이 탐보라를 능가하는 규모였다면, 그리고 편서풍이 없었다면 한반도
는 그때 대재앙을 맞았을 것이다.

산이 폭발하면 마그마가 용암, 화산재, 가스, 화쇄류 등 여러 형태로 어
마어마한 양이 뿜어져 나온다. 하지만 한국의 역사서에서는 아직 백두산
폭발에 따른 피해 기록이 발견된 바 없다. 단지 《고려사高麗史》[23] 〈세가世
家〉(제후 및 왕들의 역사)에서 고려 정종 원년(946년)에 백두산의 폭발 소리
를 들었다는 기록 정도만 남아 있을 뿐이다. 《고려사》 축약본인 《고려사
절요高麗史節要》에는 그날이 10월 7일로 기록되어 있다. 백두산 화산 분
화 때 분출된 화산재는 가까운 한반도가 아니라 오히려 1,100킬로미터나
떨어진 일본 북부 아오모리 지방에서 5센티미터 두께의 퇴적층으로 발
견됐다. 편서풍의 위력을 타고 그 많은 화산재가 대부분 일본 북부로 간
것이다.

서해안을 병풍처럼 둘러싼 중국의 원자력 발전소

중국이 '세계의 공장'이라 불리게 되면서부터 한국으로서는 서쪽에서 동
쪽으로 늘 불어오는 바람을 항상 우려해야 하는 처지가 됐다. PM 월경
문제만으로도 충분히 힘든 상황이지만, 상상만으로도 두려워지는 물질
또한 서해 건너편에서 세를 확장하고 있다. 바로 방사성 물질이다.

중국은 제13차 5개년계획(2016~2020년) 기간 중 원자력 발전 규모를

---

23 《고려사》는 고려시대의 정치, 경제, 사회, 문화, 인물 등을 기전체紀傳體(중국, 우리나라의 역대
왕조에서 정사正史 서술의 기본 형식)로 정리한 사서이다. 세종世宗 31년(1449년)에 편찬하기 시
작하여 문종文宗 1년(1451년)에 모두 139권卷으로 완성했다. 고려사는 사료 선택의 엄정성과
서술 태도의 객관성을 유지하고 있어서 《고려사절요》와 더불어 고려 시대의 역사를 연구하
기 위한 기본적, 핵심적 자료이다.

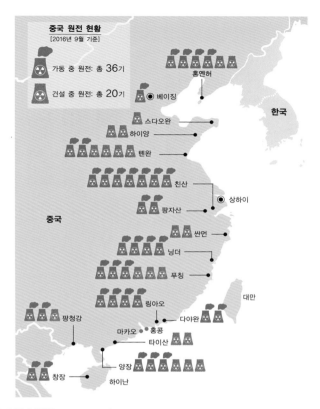

그림 47 **중국의 원전 현황**(2016년 9월 기준)

115퍼센트 증가시켜 발전 용량을 현재 27기가와트에서 58기가와트로 키우겠다는 방침을 2017년에 최종 확정했다. 이로써 전체 전력의 3퍼센트 수준인 원자력 발전 비중을 2030년까지 10퍼센트대로 끌어올리겠다는 계획이다. 중국의 목표는 분명하다. 독성 PM을 발생하는 석탄 화력 발전의 비중을 줄이고, 원전을 주요 수출 상품으로 키워보겠다는 것이다. 그들의 야심에 딴지 걸 생각은 없지만, 마냥 무관심할 수 없는 이유

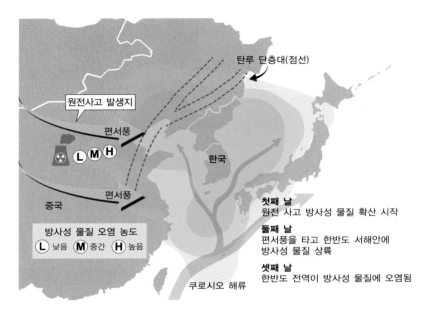

탄루 단층대(점선)

원전사고 발생지

편서풍

한국

L M H

편서풍

중국

방사성 물질 오염 농도

L 낮음　M 중간　H 높음

첫째 날
원전 사고 방사성 물질 확산 시작

둘째 날
편서풍을 타고 한반도 서해안에
방사성 물질 상륙

셋째 날
한반도 전역이 방사성 물질에 오염됨

쿠로시오 해류

그림 48 **중국 원전 사고 시 방사능 물질 확산 예측**

가 있다. 중국의 원전 대부분이 한국과 가까운 중국 동쪽 해안에 집중되고 있다는 점이다. 중국은 전체 33개 성·자치구·직할시 가운데 장쑤, 저장, 푸젠 등 동부 연안 여덟 개 성에만 원전을 짓고 있다. 석탄 화력발전소는 탄광에 가까운 내륙에 주로 지었지만, 원자력 발전소는 냉각수 확보가 쉬운 해안에 집중 배치했다. 중국 정부가 신규 원전 허가를 동부 연안에만 내주면서 이 지역은 거대한 원전 벨트로 변하고 있다.

만약 중국 원전에서 방사능 물질 유출 사고가 발생할 경우, 한국은 한반도 내에서 원전에서 사고가 난 것 못지않게 큰 피해를 입을 가능성이 높다. 방사능 물질이 편서풍을 타고 대거 한반도로 이동해오기 때문이다. 심지어 중국 동부 연안의 원전 벨트 아래에는 '지각의 화약고'인 단층대—어긋나 갈라져 있는 지층이 밀집된 지대—가 지나고 있다. '탄루 단층대'라고 불리는 이 단층에서는 지난 1976년 24만여 명의 희생자를 낸 규모 7.8의 탕산唐山 대지진이 발생한 바 있다.

중국 장쑤성 톈완田灣 원전에서 사고가 발생했다고 가정해보자. 장쑤성과 서울의 거리는 약 970킬로미터다. 이르면 사흘 안에 방사성 물질이 편서풍을 타고 한반도 상공에 도달할 수 있다. 특히 산둥반도 동쪽 끝에서 한창 짓고 있는 스다오완 원전은 인천까지 직선 거리가 330킬로미터에 불과하다. 바람뿐 아니라 바다도 마찬가지다. 방사성 물질이 쿠로시오해류를 타고 한반도 서·남해 연안에 도달할 수 있기 때문이다.

실제로 핵과 관련된 중국의 속내가 드러난 해프닝이 있었다. 중국 지린성吉林省의 북한 접경 지역은 북한의 주요 핵실험장인 풍계리로부터 불과 100킬로미터 거리에 있다. 이 지역의 정부 기관지인《지린일보吉林日報》는 2017년 12월 6일자 특집 기사를 통해 핵무기에 대한 상식과 방호 방법, 피폭시 대응 요령 등을 삽화를 곁들어 상세히 설명했다.《지린일보》의 뜬금없는 핵무기 관련 기사는 웨이보 등을 통해 삽시간에 퍼져나가 "한반도에서 핵전쟁이 나는 것 아니냐"는 공포감까지 불러일으켰다. 이슈가 커지자 관영《환구시보環球時報》는 사설을 통해 한반도에서 전쟁이 난다면 핵 오염 가능성은 있지만, 북서 계절풍이 불어 중국 동북 지역에는 피해가 없을 것이라고 했다. 설령 북한이 핵무기를 사용하더라도 방사성 물질이 중국 쪽으로 날아갈 가능성은 희박함을 강조한 것이다. 중국에서 핵 사고가 발생하더라도, 후폭풍은 오롯이 한국으로 향하리란 것을 그들이 모를 턱이 없다.

중국인의 사상 근저에 자리 잡은 중화민족주의로 인해 한·중 간 무역 규모가 커질수록, 인적 교류 등이 늘어날수록 오히려 마찰과 갈등 또한

늘어날 것이 분명하다. 가장 우려스러운 부분은 양측의 마찰시, 중국이
과연 적법한 절차를 따르거나 혹은 인도주의 차원에서의 사과나 재발 방
지 약속을 할 수 있을 것이냐는 점이다. 현재까지의 추세로만 본다면 중
국은 대국의 거죽을 덮어쓴 소인배에 지나지 않는다. 남한테 당하고는
억울해서 밤잠도 못 이루는 우리 한국인들, 앞으로 속상할 일이 무지하
게도 많을 듯싶다.[24]

---

24 김동환,《레드 & 블랙: 중국과 아프리카 신 자원로드 열다》

5장

마스크를 착용하라

PM 방어 가이드

긴급재난문자

[경기도청]

오늘 02시부터 경기도권역 미세먼지 경보발령,

어린이·노약자 실외 활동 금지,

마스크 착용하세요.

PM 방어의 기본, 마스크 착용

밖이 뿌옇다, 흐리다, 어둡다, 싶더니 오늘도 문자가 왔다. 인터넷 카페, 뉴스 댓글, 블로그, SNS에는 분노와 염려를 쏟아내는 글로 이미 전쟁터가 됐다. 전투력 높은 일부 시민은 경보 발령 내용을 여기저기 퍼뜨리느라 다급하다. 노트북을 닫고 마스크를 챙겨 주차장으로 향했다. 운전하며 살펴본 사람들은 저마다 바쁜 길을 가느라 분주해 보였다. 그러나 인터넷에서 느낀 분노와 염려는 현실 세상에 없었다. 미세먼지 경보 발령이 내려진 것을 모르는 것이 아닐까? 행여 그렇다 해도, 눈앞이 뿌옇고 목이 메케해서 PM을 신경 쓸 수밖에 없는 날이다. 그러나 약속 장소에 다다를 때까지 창밖을 스쳐간 수천 명 중에 마스크를 쓴 행인은 대여섯 명밖에 보이지 않았다. 온라인의 분노가 진짜인지, 오프라인의 무관심이 진짜인지, 사람들의 이중성 때문인 것인지 혼란스러웠다.

마스크 미착용자의 무수한 변명

마침 한국 갤럽이 2017년 5월 23일부터 25일까지 사흘간 전국 성인 1,003명을 대상으로 수행한 미세먼지 관련 여론조사가 눈에 띄었다. 결과에 따르면, 미세먼지 나쁨 예보시 '마스크를 착용하는 편'이라고 답한 응답자는 37퍼센트에 그쳤고, 63퍼센트가 '착용하지 않는 편'이라고 답했다. 한국 갤럽은 "성인 10명 중 4명 정도가 미세먼지 나쁨일 때 마스크를 착용하는 편이라고 답했으나, 실제 거리에서는 마스크 착용자가 그보다 적게 눈에 띈다."며 이는 "미세먼지를 조심하는 사람들은 마스크에 의지해 외출하기보다는 아예 집에 머무는 경우가 많기 때문이다."라고 분석했다. 또 미세먼지 나쁨 예보시 외출 여부에 대해서는 43퍼센트가 '외출을 자제하는 편', 57퍼센트는 '상관없이 외출하는 편'이라고 답했는데, 이는 직업별 차이가 컸다. 가정주부는 68퍼센트가 '외출을 자제하는 편'인 반면 자영업, 블루칼라(생산 및 서비스업 종사자), 학생 등은 70퍼센트 내외가 '상관없이 외출한다'고 답했다.

내용을 본 후, 마스크를 착용하는 편이라고 답한 응답자 비율이 3분의 1에 달하는 조사 결과를 어떻게 받아들여야 할지 의문이었다. 또 미세먼지를 조심하는 사람들은 외출보다는 아예 집에 머무는 경우가 많기 때문에 실제 거리에 마스크를 착용한 사람이 적다는 분석도 충분한 해명이 되지 못했다. 가령 그렇다 해도, 마스크를 착용하는 편이라고 답한 응답자 중 필요시 집에 머물 수 있는 선택권을 가진 사람의 비율이 얼마나 높기에 실제 거리에 마스크를 착용하지 않은 사람이 이렇게나 많은 것인지, 오히려 의문이 늘었다. 오랜 시간 관심 갖고 지켜본 바 직접 체감한 마스크 착용률은 넉넉하게 잡아도 1,000명 중 예닐곱 명 정도(약 0.7퍼센트)에 불과했기 때문이다.

때문에 여론조사 결과에서 유의미하게 다가온 부분은 '마스크를 착용하지 않는 이유'에 대한 내용이었다. 결론부터 말하자면, '불편해서', '귀찮아서/번거로워서', '답답해서', '필요성을 못 느껴서/안 써도 괜찮을 것 같아서'라는 답변이 57퍼센트로 절반 이상을 차지했다. 이 답변을 모두 압축하자면 '그것 마셨다고 병 난 사람 못 봐서'가 아닐까?

PM을 걱정하는 것이 유난스러운 성격 탓?

갖가지 이유를 확인하고 나니 문득 2015년 봄에 한국을 뒤흔들었던 메르스MERS(중동호흡기증후군) 사태가 떠올랐다. 당시 메르스 국내 총 확진자는 172명, 사망자는 27명으로, 치사율 15.7퍼센트를 기록했으며, 격리된 사람은 총 1만 명이 넘었다. 사실, 사망자 중 다수는 70~80대로 천식이나 고혈압 같은 만성질환자였고, 감염의 97퍼센트는 병원 내에서 일어났다. 하지만 대한민국 국민 모두가 똘똘 뭉쳐 바짝 긴장하며 손 소독제와 마스크를 챙겼고, 기침이나 재채기라도 하면 세균 취급 당하기 일쑤였다. 장삿속 뻔한 의약계의 마케팅과 언론의 부채질 때문에 공포 분위기가 도를 넘어 사회를 암울하게 만들었지만, 손 씻기, 팔꿈치 안으로 입 가리고 재채기하기, 마스크 꼭 쓰기와 같은 호흡기 질환의 예방 수칙에 대한 인식이 확산되는 결과는 얻을 수 있었다.

만약 '메르스는 PM2.5에 비교할 상대가 되지 않는다.'고 생각했다면, 다음 사실을 확인해볼 필요가 있다. 메르스는 폐를 공격하지만, PM2.5는 폐뿐 아니라 혈관과 뇌까지 오염시킨다. 메르스는 치료가 가능하지만, PM2.5는 체내에서 유입되면 죽을 때까지 축적된다. 메르스는 접촉 위주로 감염되지만, PM2.5는 호흡만 해도 뇌까지 도달한다. 메르스가 국민을 공포로 몰아넣은 이유는 바이러스가 인체 내에서 빠르게 반응을 일으켰기 때문이다. 한편, 국민이 PM2.5를 등한시하는 이유는 인체 내에서 서서히 온갖 종류의 증상과 질병으로 나타나기 때문이다. 한마디로 '위험한 티가 안 나서'다.

'PM 증후군', 'PM 중독', 'PM 병' 같은 것은 있지도 않거니와 그런 비슷한 것에 누가 죽었다는 이야기도 못 들어봤다. 'PM2.5 그까짓 것!' 하고 실컷 돌아다녀봐도 고작 눈 따갑고 목 컬컬할 뿐, 이튿날이면 다시 말짱해진다. 마치, PM 따윈 체력으로 극복해낸 듯한 묘한 자신감까지 든다. 무지함도 병이라고, 이 같은 병이 어느새 퍼졌는지 PM2.5를 가볍게 여기는 풍조가 좀체 사라지지 않고 있다. 황사 마스크를 부지런히 착용하거나 마스크 착용을 권하면 유별난 사람, 예민한 사람, 건강염려증으로 여겨지기 십상이다.

2016년 4월, PM 농도가 최고조를 기록했던 그날 받은 충격을 아직도 선명히 기억한다. 그날 오후, 서울 일부 지역은 PM 농도가 $481 \mu g/m^3$까지 치솟았다. 서울의 한 아파트 단지를 지나면서 놀라운 광경을 목격했다. 유모차를 밀며 열심히 대화하는, 그러니까 마스크 없이 걸어오던 두 엄마였는데, 유모차 안에는 얼굴이 뽀얀 내놓은 아기가 있었다. 그날은 마치, 두 손 가득 공기를 담아서 손바닥에 비비면 까만 PM 뭉치가 돌돌

말려 나올 듯한 날이었다. 두 아기의 조그만 코와 폐와 뇌에서도 PM이 까맣게 덩어리지고 있을 것 같았다. 몇 년 뒤, 두 아기가 '상세불명의 천식' 같은 병명이 적힌 진단서를 받지 않길 바라는 수밖에 없었다. PM 농도 높은 날 마스크 없이 영유아와 외출하는 어른을 한두 번 본 것도 아니었는데, 그날따라 그 아기에겐 큰 미안함이, 그 엄마에겐 쓰린 안타까움이, 이 나라에겐 온갖 분노가 치솟았다.

마스크 착용 권장에 무관심한 사회

이런 어처구니없는 광경을 보니 환경부와 보건복지부 등 관련 부처와 기관의 직무유기와 무책임함과 무능함을 탓하지 않을 수 없었다. 관련 부처와 기관은 왜 지금껏 아무런 조치를 취하지 않고 있는가? 국민 건강을 걱정하거나 최소한 관심이라도 가졌거나, 그들에겐 듣기조차 거북한 단어겠지만, 책임감이라는 것이 있었다면 PM 농도가 높은 날 "영유아를 데리고 외출해선 안 된다."는 요지의 강력한 대국민 캠페인 정도는 지속적으로 펼쳐왔어야 했다. 적어도 2015년 환경 기준을 개정해 PM2.5에 '초미세먼지'란 명칭을 붙일 때부터 말이다.

현재로선, 정부가 소극적으로 책상 앞에 앉아 있는 이상, 마스크를 착용하는 사회 분위기를 조성하려고 불철주야 애쓰는 조직이라곤 마스크 생산 업체뿐이다. 기업이 주도한 마케팅 덕에 마스크가 필요하다고 생각하는 시민들이 늘고는 있으나, 마케팅에 시원하게 낚여보고 싶어도 그러지 못하는 사각지대가 있다. 대기질의 상태에 관계없이 실외에서 대부분의 시간을 보내는 직군, 예를 들어, 우편 집배원, 경찰, 건설 현장 근로자, 조선소 근로자, 톨게이트 근무자, 택배 기사, 보안요원, 주차 안내원, 군인 등이다. 이들은 PM의 위험성을 알고 있다 하더라도 근로 분위기상 마스크를 착용하지 못하는 경우가 많다. 대기질 관련 정부 부처나 기관은 일반 시민뿐 아니라 이들 직군의 종사자도 마스크를 착용할 수 있도록 사회 분위기를 조성하고, 마스크의 필요성에 대한 이해도를 높여야 할 의무가 있다. 톨게이트 근무자, 주차 안내원, 택배 기사, 교통경찰 등 실외 서비스직 노동자를 마주하는 고객도 PM에 혹사당하는 모습보다는 건강을 보호하려고 마스크를 쓴 모습에 안심하는 분위기가 만들어지면, 이들 직군의 마스크 착용률은 더 높아질 것이다.

일기예보의 슬픈 거짓말

매일 보고 듣는 방송 뉴스에서 환율이니 코스닥이니 하는 것은 무심히 넘어가더라도 날씨 소식만은 귀가 쫑긋해서 듣는다. 그러다 PM을 인식하게 되면서부터 일기예보를 보면서도 문득 '거짓말이야' 싶은 순간이 생겼다. 2017년 5월 3일, 한국방송(KBS) 오전 뉴스의 일기예보다.

> 오늘도 맑은 날씨 속에 기온이 큰 폭으로 오르겠습니다.
> 동두천의 한낮 기온은 (중략) 덥겠습니다.
> 오늘도 오전까지 경기 남부와 충남, 전북 등 서쪽의 미세먼지 농도가 '나쁨' 수준을 보이겠습니다.
> 강원 영동을 제외한 대부분 지역의 오존 농도도 높게 나타날 것으로 보여 호흡기 관리 잘 하셔야겠습니다.
> 건조함도 (중략) 발효 중입니다.
> 오늘도 고기압의 영향으로 전국이 대체로 맑겠습니다.
> 현재 기온은 (중략) 비슷합니다.
> 한낮 기온은 (중략) 높겠습니다.

서울 30도, (중략) 예상됩니다.

바다의 물결은 (중략) 일겠습니다.

내일 밤 남부 지방을 중심으로 비가 내리겠고, 모레 전국으로 비가 확
대돼 오전까지 이어지겠습니다.

기상 정보였습니다.

　일기예보에서 첫 문장은 그날의 여러 선택에 결정적인 영향을 미친다.
"오늘도 맑은 날씨 속에……"로 시작하는 기상캐스터의 목소리가 귀에
꽂히는 순간, 방금 전까지 희미했던 그날의 일정과 외출 계획과 옷차림
등이 또렷하게 정리된다. 그런데 뒤를 잇는 내용이 뒤통수를 친다. "오늘
도 오전까지 경기 남부와 충남, 전북 등 서쪽의 미세먼지 농도가 '나쁨'
수준을 보이겠습니다." 실제로 이날 오후, 서울 대부분 지역 PM10 시간
당 농도는 $100\mu g/m^3$남짓으로 '나쁨'이었고, 특히 성동구는 $152\mu g/m^3$까지
높아져 '매우 나쁨'이었다. 하늘은 탁했고, 창문도 못 열었으며, 외출시엔
마스크가 필수인, 즉 '맑지 않은' 날씨였고 일기예보는 슬픈 거짓 예보가
됐다.

　맑은 날씨란, 공기가 청정하거나, 구름이나 안개가 없거나, 햇빛이 화
사한 날씨를 말하는 것이 아닌가? 공기가 탁하고, 때문에 햇빛도 흐릿하
고, 희뿌옇게 오염 물질이 보일 것으로 예상된 날씨를 '맑다'고 예보하는
것은 모순이다. 엉터리 일기예보 때문에 'PM 나쁨 = 맑은 날씨'가 됐다.
비, 구름만 오지 않으면 일단 '맑다'고 하던 습관적인 표현을 바꾸어야
할 때가 온 것이다. PM이 높은 날씨는 '맑다'가 아니라 '탁하다'거나 '오
염 물질로 흐리다'고 하는 것이 PM에 대한 위험성 인식을 저해하지 않
는 방법이 될 것이다. 비, 구름 외에 PM도 날씨를 흐리게 하는 요인이란

인식이 자리 잡힌다면, 비구름이 오는 날엔 우산을 챙기듯 PM이 오는 날엔 마스크를 챙기는 습관도 서서히 자리잡을 것이다.

진짜 PM 마스크 고르는 법

PM이 높은 날, 길에서는 아무 마스크나 착용하는 시민들을 볼 수 있다. 순면 100퍼센트임을 강조한 방한 마스크, 그림이 그려진 디자인 마스크, 아이돌 가수가 쓰고 다니던 검은 마스크, 치과에서 보던 얇은 부직포 마스크 등. 그중 PM을 진짜 차단할 수 있는 마스크는 따로 있다.

황사나 PM 차단용 마스크(이하, 황사 마스크)를 살 때는 제품 겉포장에 KF80, KF94, KF99란 표시 중 하나가 있는지 분명히 확인해야 한다. 일종의 마스크 시험 성적표와 같다고 볼 수 있는데, KF는 Korea Filter의 약자고, 그 옆에 표시된 숫자는 미세입자의 차단 효율(퍼센트)을 나타낸다. 따라서 숫자가 클수록 PM 차단 효과도 크다. 구체적으로, KF80는 평균 크기 PM0.6의 미세입자를 80퍼센트 이상 걸러낼 수 있다는 의미다.

황사 마스크라면 얼굴에 착용했을 경우, 그릇 같은 형태가 만들어진다. 황사 마스크는 부직포를 여러 겹 겹치고 그 사이에 정전기를 이용한 특수 필터를 넣어 질감이 뻣뻣하고 두껍다. 차단 효율이 높을수록 마스크는 더욱 두꺼워지고, 숨 쉬기는 더 힘들어진다. 때문에 고혈압이나 천식 환자 등은 착용시 증상이 악화될 수 있으므로 호흡량을 고려하여 차단 효율이 적당한 제품을 선택하는 것이 바람직하다.

한편, 고작 두세 겹의 부직포로 된 의료용 마스크 등을 PM 농도 높은 날 착용하고 있는 사람도 꽤 많이 목격된다. 제품 포장에 '의료용 마스크'라고 표시되어 있어도 PM 차단이 가능한 걸까? '의료용=건강을 보호함'으로 인식할 법도 하겠지만, 의료용은 혈액이나 타액 등이 튀어 감염

표 17 의약외품으로 허가된 보건용 마스크(황사 마스크) 종류

허가 표시	시험 입자 크기	차단 효율	용도
KF80	평균 0.6㎛ (PM0.6)	80% 이상	황사 마스크
KF94	평균 0.4㎛ (PM0.4)	94% 이상	황사 마스크 및 방역 마스크
KF99	평균 0.4㎛ (PM0.4)	99% 이상	황사 마스크 및 방역 마스크

되는 것을 예방하기 위해 만들어진 마스크이므로 PM 차단 효과가 전혀 없다.

황사 마스크만의 또 다른 특징은, 착용 후 벗었을 때 얼굴에 '나 방금 전까지 마스크 쓰고 있었어'라는 인증 자국—마스크 테두리 자국—이 선명하게 남는다는 점이다. KF80 황사 마스크의 차단 효율 80퍼센트는 마스크를 얼굴에 완전히 밀착했을 때만 발휘된다. 완전히 밀착된다는 것은 마스크 테두리로 공기가 새어나가지 않는다는 뜻이다. 간혹, 황사 마스크가 얼굴을 압박했을 때 숨쉬기가 답답해서, 얼굴에 자국이 남는 것이 싫어서, 마스크를 아껴 쓰기 위해서, 마스크를 헐렁하게 쓰거나, 마스크 안쪽에 수건 또는 휴지를 댄 후 마스크를 쓰거나 마스크를 물에 빨아서 쓰곤 하는데, 이렇게 마스크를 사용했을 경우 가장 슬픈 것은 자기 몸이다. 황사 마스크를 세척하면 모양이 찌그러지고, 기능도 떨어져 얼굴에 밀착되지 않는다. 이미 사용한 황사 마스크는 겉보기엔 깨끗해 보일지언정, 마스크 틈 사이사이는 각종 미세한 오염 물질로 더러워진 상태이므로 '일회용'임을 존중해 과감히 버려야 한다.

인터넷에서 황사 마스크를 구매하려고 제품을 찾다 보면, 제품 겉포장에 '의약외품'이나 'KF80/94/99' 표시가 없는 데도 PM 차단 효과가 있다고 거짓 광고하는 양심 불량 판매자가 많다. 이들은 PM 차단 효과가

없는 '방한용 마스크'나 PM 차단 검증 대상이 아닌 일반 '의료용 마스크'를 판매하면서 '미세먼지 완벽 방어' '사계절 바이러스 99% 차단' '황사 마스크' 같은 허위 문구를 사용하는 경우가 대부분이다. 따라서, 판매자가 어떤 홍보 문구로 유혹하든 무시하고, 'KF 숫자'만을 찾아 주문하면 일단 안심이다.

이 밖에도, 'KF80/94/99' 표시가 아니라 'KC인증,' 'KC마크'를 내세운 일회용 마스크도 자주 발견된다. KC와 KF를 혼란스럽게 만드는 술수인데, 'KC인증,' 'KC마크'는 Korea Certification의 약자로, 발암물질 포름알데하이드와 피부염과 암을 유발할 가능성이 있는 아릴아민arylamine, 알레르기성 염료 사용 여부 등 인체에 유해한 물질이 사용되었는지 검증했다는 의미이지, PM 차단 기능을 검증 받았다는 의미가 아니다. 따라서 'KC인증'이나 'KC마크'는 PM 차단 기능과 전혀 관련이 없으므로 장바구니에서 결재를 누르는 그 순간까지 초지일관 'KF 숫자' 표시가 있는지 확인해야 한다.

공기청정기를 선택하는 올바른 방법

산 넘어 산이라고, 마스크의 언덕을 지나 공기청정기의 산을 넘어야 할 때가 왔다. 지구 온난화로 펄펄 끓는 폭염 속에서 살아남기 위해 에어컨이 필수 가전제품이 되었듯, 대기 오염으로 숨 턱턱 막히는 PM 속에서 살아남기 위해 공기청정기도 필수 가전제품이 됐다. 2001년만 해도 국내 공기청정기 시장 규모는 600억 원에 불과했는데, 2013년에는 3000억 원, 2015년에는 5000억 원, 2016년에는 드디어 1조 원을 돌파했다.

공기청정기 시장이 팽창하는 만큼 새로운 브랜드와 다양한 기능을 갖춘 신제품이 매년 쏟아진다. 2017년 국내에 시판 중인 공기청정기 브랜드는 223개, 제조업체는 무려 188곳에 달해 막상 소비자 자신에게 꼭 필요한 제품을 제대로 고르기가 쉽지 않다. 또 어느 시장이나 그렇듯, 공기청정기 시장에도 과대, 과장, 기만을 넘어서는 거짓 광고로 소비자를 현혹하는 판매자가 많다. 믿을 것이라곤, 진실 판독기를 거친 구매자의 정보력뿐이다. 공기청정기를 구매할 때 살펴봐야 할 항목은 무엇일까? 제품 크기와 용량은 기본이고 필터 성능과 부가 기능, 편의성까지 두루 알아봐야 된다. 또 건강과 관련된 헬스케어 제품이기에 인증 여부 확인도 꼭 필요하다.

갖가지 개성을 가진 공기청정기

공기청정기는 오염 물질을 제거하는 방식에 따라 크게 기계식과 전기식으로 나뉜다. 여기서 세분하면 기계식은 필터식과 습식으로, 전기식은 전기집진기식과 음이온식으로 구분된다. 각자의 장단점은 확연하다.

기계식 중에서는 필터식 공기청정기가, 전기식 중에서는 음이온식 공기청정기가 시장을 주도하고 있다. 이 두 종류의 가장 큰 차이는 공기 정화 과정에서 화학 반응이 활용됐는지, 즉 살균력의 여부다. 담배연기의 정화 과정을 예로 들면, 담배연기에는 매연 같은 입자(무기물)와 휘발성 유기화합물 같은 가스(유기물)가 혼합되어 있다. 필터식 공기청정기는 헤파필터로 고체 및 액체 형태의 입자(PM)를 여과하고 탈취필터로 유해가스 및 냄새를 흡착하는 반면, 음이온식 공기청정기는 이온(오존 등)을 발생시켜 휘발성 유기화합물을 화학적으로 분해한다.

각각의 정화 과정에서 장단점이 한번에 확인되는데, 필터식은 중금속,

표 18 공기청정기의 분류 및 특성

대분류	기계식		전자식	
상세 분류	필터식(건식)	습식	전기집진식	음이온식
적용 원리	입자의 크기 차이	물의 흡착력	전기적 방전 원리	광촉매, 플라즈마 등 화학 반응
공기 정화 방식	입자의 크기 차이를 이용해 액체나 기체로부터 고체 입자를 분리(여과)되고, 고체의 표면에 기체나 용액의 입자들이 달라붙음(흡착)	오염된 건조한 공기를 빨아들인 뒤 물의 흡착력을 이용해 유해 물질을 제거함	부유 입자에 이온을 쏘아 양극(+)으로 대전시킴→ 음극(-)을 띠는 집진판에 흡착됨	고압의 전류를 발생시켜 공기 중의 산소를 분해→ 음이온(오존 등) 생성 → 세균의 세포막을 파괴하여 멸균 효과를 내거나 가스상 오염 물질의 경우 화학적 촉매 반응을 통해 분해됨
장점	* 가장 보편적 * 입자상 오염 물질의 정화 효과에 논란의 여지가 없음 * 필터의 특성-큰 먼지용, 미세먼지용, 탈취용 등-에 따라 사용자의 목적에 맞게 단계적으로 조합하여 사용 가능	* 탁월한 가습 기능 * 기계식임에도 필터를 사용하지 않으므로 유지 비용이 발생하지 않음	* 살균력(항바이러스·항알레르기) 및 탈취력 * 집진판을 세척하여 사용할 수 있어 유지 비용이 발생하지 않음	* 살균력(항바이러스·항알레르기) 및 탈취력 * 주로 가스상 오염 물질 또는 유기물(VOCs, 곰팡이 포자, 박테리아, 바이러스, 진균독소 등) 제거에 효과적 * 필터를 사용하지 않으므로 유지비가 발생하지 않음
단점	* 주기적으로 필터 교체가 필요하여 유지 비용이 발생함 * 살균력 없음	* 공기청정기보다는 가습기의 몫을 톡톡히 함 * 성능을 검증할 국가 표준이나 인증 수행 기관이 없음 * 오염된 물을 수시로 버리고, 수조 내부가 오염되지 않도록 부지런히 청소해 주어야 함	* 고압전류 발생 과정에서 유독 물질인 오존(비릿한 냄새) 발생 * 필터식에 비해 입자상 오염 물질 제거 능력이 낮음 * 집진판을 제때 청소하지 않으면 먼지가 오히려 다시 배출됨	* 고압전류 발생 과정에서 유독물질인 오존(비릿한 냄새) 발생 * 입자상 오염 물질인 무기물(PM 등) 제거 능력이 낮음 * 공기청정기보다는 공기살균기에 가까움

검댕, 매연 등 모든 PM을 여과하고 유해 가스와 냄새를 흡착하되, 화학 작용을 통한 곰팡이나 박테리아 살균 기능은 없다. 음이온식은 휘발성유

기화합물, 곰팡이 포자, 박테리아, 바이러스 등 유기물을 살균하는 역할
이 크되, 여과 및 흡착을 통한 중금속, 검댕, 매연 등 PM 제거 기능이 없
다. 따라서 이를 보완하기 위해 필터식 공기청정기에 살균 기능을 위해
음이온 발생 기능을 추가한 복합형 공기청정기가 등장하고 있다.

그런데, 한국공기청정협회의 기준에 따르면 '필터식' 제품만 진정한
공기청정기로 인정받고 있다. 국내 여러 인터넷 쇼핑몰의 제품 카테고
리 분류에는 공기청정기 제품으로 필터식, 습식, 음이온식, 삼림욕식, 산
소발생식 등으로 다양하게 구분돼 있지만, 필터식 외의 정화 방식은 PM
제거 능력이 공기청정기란 이름값을 하기 난감할 정도로 현저히 떨어지
거나 아직 PM 제거 능력을 검증할 국가 표준이 없기 때문에 진짜 공기
청정기로 인정하지 않는 것이다. 따라서 PM 제거용 '필터'가 장착되지
않은 제품은 '공기청정기'가 아니라, '공기정화살균기'라고 분류하는 것
이 적절하다.

비슷한 듯 전혀 다른 공기청정기와 공기정화살균기

공기청정기와 공기정화살균기를 구별하려면, 먼저 '살균력'을 앞세운 제
품인지 여부를 확인해보는 것이 좋다. 살균 기능이 있는 공기청정기 제
품은 고압 전류를 공기 중에 발생시켜 대개 '음이온'이라고 순화해서 부
르는 '오존'을 만들어 살균제로써 공기 중에 방출한다. 하지만 인체에 안
전한 살균제는 없다. 살균제는 세균의 세포막을 파괴시켜 멸균 작용을
하는데, 인간 또한 엄연히 세포로 이뤄진 유기 생명체이기 때문이다.

환경부는 다중 이용 시설의 실내 오존 농도를 0.06피피엠 이하로 권장
하고 있고, 기술표준원에서는 공기청정기에서 발생하는 오존의 양을 규
제하고 있다. 그러나 공기정화살균기의 공기정화 기능에 대한 품질 인증

은 아직 없으며, 오존에 관해서는 한국오존협회에서 제공하는 PA인증이 있긴 하지만 국가 및 단체로부터 공인되지 않은 상태임을 참조할 필요가 있다.

광촉매, 플라즈마, UV 등을 사용하는 이온식 제품 중에 KS 또는 CA 인증마크가 없음에도 각종 표현으로 소비자의 이성을 마비시켜 공기청정기—PM 제거용—로 착각하게끔 만드는 제품도 허다하다. 일부 예를 들자면, 해외 유명 기관의 이름을 내걸고 고가의 가격을 책정해 마치 첨단 기술을 적용한 공기청정기인 듯 홍보하는 제품들이 있다. 이들의 홍보 문구를 살펴보면 허위광고라는 지적을 피하기 위해 대체로 세균 같은 유기organic 입자나 휘발성 유기화합물 같은 가스 입자를 '미세물질' '유해 물질' '초미세 오염 물질'이라고 통칭하여 제품을 안내한다. 하지만 그 속에 중금속, 황사, 검댕, 스모그 같은 무기inorganic 입자 물질, 즉 PM을 의미하는 구체적인 단어는 일절 없다. 또한 유해 물질을 '분해'한다고 강조할 뿐, '여과 및 흡착'한다고 설명하지 않는다. 중금속과 스모그 같은 PM은 '여과해서 걸러낼 대상'이지 '더 작게 분해할 대상'이 아니다.

2016년 12월, 한 달 동안 전국에 발령된 미세먼지주의보 횟수는 무려 26번이었다. 초여름의 PM10 농도 $100\,\mu g/m^3$과 한겨울의 PM10 농도 $100\,\mu g/m^3$은 서로 같은 농도지만 독성의 정도에서 차이가 난다. 겨울철이 되면 PM의 독성이 한층 더 강해진다. 차가운 공기가 아래로 깔리면서 역전층이 형성돼 대기 순환이 잘 되지 않다 보니 오염 물질이 지상에 그대로 머물러 있는 데다가, 난방연료 사용이 늘면서 납과 같은 중금속 물질의 비율도 20퍼센트 이상 증가한다. 특히 니켈이나 카드뮴 같은 발암성 물질의 함량이 높아져 겨울엔 PM 독성 중금속 함량이 최고조에 달하게 된다. 이런 날씨에는 거금 들여 장만한 UV/광촉매/플라즈마 제품을 아

표 19 CA 인증 심사 기준

No	시험 항목	단위		인증 기준
1	집진 효율	%		80%
2	탈취 효율	%		70 이상
3	오존 발생 농도	ppm		0.03 이하
4	소음도	dB(A)	풍량(CMM) 10 이상	55 이하
			풍량(CMM) 5 이상~10 미만	50 이하
			풍량(CMM) 5 미만	45 이하

무리 열심히 사용한들, 독성 중금속 가득한 PM은 공기 중에서 제거되지 않고 호흡기를 통해 체내에 계속 유입될 수밖에 없다. 감기나 전염병 등에 걸릴 확률만 줄어들 뿐이다.

한국공기청정협회가 '필터식' 제품만 진정한 공기청정기로 인정하고 있는 속사정이 이해될 지경이다. 그래서 필터식을 제외한 기타 방식 제품 중엔 'CA 인증'을 받은 제품도 사실 없다. 따라서 감기가 아니라 PM 흡입이 걱정된다면, 반드시 CA 마크가 있는 공기청정기를 선택하는 것이 바람직하다.

공기청정기 선택시 필수 고려 사항 I: CA 인증

CA 인증은 매우 중요한 공기청정기 선택 기준 중 하나다. CA란 Clean Air(깨끗한 공기)의 약자로, 한국공기청정협회에서 공기청정기의 모든 성능 시험을 통과한 규격 제품에 부여하는 인증 마크다. 즉 CA 마크가 붙어 있는 제품은 집진 효율과 탈취 효율, 적용 평수, 소음, 오존 발생 농도 등을 검사해 표준 규격을 만족시켰다는 의미다. 협회 기준에 따르면 집진 효율은 80퍼센트, 탈취 효율은 60퍼센트가 넘어야 하며, 소음은 유량에 따라 45~55데시벨 그리고 오존 발생 농도는 WHO가 정한 실내 수치인 0.05피피엠을 넘지 않아야 한다.

공기청정기 선택시 필수 고려사항 Ⅱ: 헤파필터 등급

필터식 공기청정기의 심장은 필터, 그중에서도 바로 '헤파필터'다. 헤파 HEPA란 High Efficiency Particulate Air(고효율미립자공기)의 줄임말로, 미국에서 원자력 연구 초기에 방사성 미립자를 제거하기 위해 처음 개발된 필터다. 꼬불꼬불한 라면같이 생긴 알루미늄 분리판과 무작위로 엉켜 있는 부직포 섬유를 겹겹이 교차시켜 만들었으며 현재까지는 PM 제거에 가장 효율적인 방식으로 알려져 필터식 공기청정기의 핵심 필터로 가장 널리 사용되고 있다.

공기청정기의 성능을 결정하는 헤파필터도 황사 마스크처럼 집진 효율에 따라 등급이 매겨진다. H10 등급부터 H14 등급까지 5단계로 나뉘어져 있으며, 헤파필터 등급이 한 단계 높아질 때마다 PM을 통과시키는 비율이 최대 10배씩 줄어든다. 예를 들어, H10 등급인 헤파필터가 5만 개의 PM2.5만 통과시킨다면, H11등급의 헤파필터는 5,000개의 PM2.5만 통과시키고, 최상 등급인 H14 등급 헤파필터는 불과 5개의 PM2.5만 통과시킨다. 즉 H10 등급과 H14 등급의 차이는 무려 1만 배에 달한다. 이처럼 헤파필터의 등급은 효율 차이가 굉장히 크기 때문에 제품을 선택할 때 반드시 참고할 필요가 있다.

한편, 시장에는 '트루헤파True HEPA'라는 이름표를 단 필터도 있는데, 이는 2009년 유럽 표준이 개정되면서 일부 업체가 마케팅을 위해 만들어낸 표현일 뿐, 새로 생긴 등급은 아니다. 어떤 이유인가 하면, 1998년

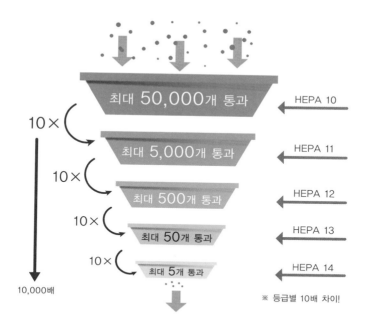

그림 49 헤파필터 등급별 집진 성능 비교

부터 2009년까지는 유럽에서도 유럽 표준(EN1822: 1998)에 따라 H10, H11, H12를 HEPA로 분류했다. 그러나 2009년 유럽 표준이 개정되어 새로운 유럽 표준(EN1822: 2009)이 적용되면서부터 고효율 필터의 명칭이 세분화돼 기존의 H10~H12 등급이 없어졌다. 대신 High가 빠진 효율미립자 공기필터Efficiency Particulate Air Filters(EPA)란 이름의 E10, E11, E12로 대체됐고, 또 E10~E12의 필터 승인에 필요한 현장 측정값을 없애버렸다. 유럽 표준에서는 PM을 99.95퍼센트까지 거를 수 있는 E13부터 헤파필터로 보고 있다.

하지만 소비자들이 구체적인 변경 사항을 알 리 없고, 시장에서는

표 20 2009년 개정된 유럽 표준에 따른 고효율 환기 필터 분류

필터 등급	실험실 포집 효율(%)	실험실 침투율(%)	현장 포집 효율(%)	현장 침투율(%)
E10 (구H10)	85	15	–	–
E11 (구H11)	95	5	–	–
E12 (구H12)	95.5	0.5	–	–
H13	99.95	0.05	99.75	0.25
H14	99.995	0.005	99.975	0.025
U15	99.9995	0.0005	99.9975	0.0025
U16	99.99995	0.00005	99.99975	0.00025
U17	99.999995	0.000005	99.9999	0.0001

이를 냉큼 마케팅 기회로 삼았다. 2009년 이후 일부 업체는 EPA급 (E10~E12)과의 차별화를 강조하려고 H13~H14급에 '트루헤파'라는 표현을 등장시켜 H13~14 제품 판매에 적극 활용하고 있다. 유럽 표준 개정을 계기로 멀뚱하게 있던 H13~H14만 얼떨결에 신분이 상승한(?) 듯한 착시 효과를 누리고 있는 셈이다. 실제 공인 기관에는 '트루헤파'라는 분류도, 명칭도 없다. 한국에는 헤파필터에 대한 개별 규정이 없다. 따라서 국내 시장에서는 여전히 H10~H12를 헤파필터로 표시하고 있다.

한편, 헤파필터 최고등급인 H14 등급을 초월하는 초고효율 필터도 있는데, 이름하여 초저침투 공기필터Ultra Low Penetration Air Filters(ULPA)라고 부른다. 등급은 U15, U16, U17로 표기하며, 99.99퍼센트 이상의 PM을 제거하기 때문에 유전자 연구실, 우주항공 분야, 반도체 등 정밀 산업 분야에서 사용되고 있다.

공기청정기 선택시 필수 고려사항 III: 사용 면적

CA 인증과 헤파필터 등급에 이어, 공기청정기 구매시 확인해야 할 마지막 사항은 공기청정기가 힘을 발휘할 수 있는 정화 면적이다. 일반적인 환경이라면 공기청정기는 공간 면적 전체의 3분의 1 면적용 제품을 선택하는 것이 좋다. 99제곱미터 크기의 집이라면 33제곱미터용 공기청정기를 선택하면 되는 식이다. 단 공기청정기를 둘 곳이 신축 건물이거나 도로변, 산업단지 등과 가깝다면 공간 면적 전체의 2분의 1 면적용 제품을 선택하는 것이 좋다. 99제곱미터 크기의 집에서 50제곱미터용 공기청정기를 선택하면 되는 셈이다.

공기청정기를 사용하는 공간은 빈 창고 같은 곳이 아니라 가구도 있고, 칸막이나 벽도 있고, 방으로 나뉘어 있는 경우가 대부분이다. 따라서 정화 면적이 넓은 것 한 대만 두기보다는 정화 면적이 적은 것 여러 대를 갖추는 것이 훨씬 효율적이다. 예를 들어, 99제곱미터 크기의 집이 있다고 가정했을 때, A의 집에는 90제곱미터용 대형 공기청정기 한 대만 거실에 놓고, B의 집에는 60제곱미터용 중형 공기청정기 두 대를 거실과 방에 놓고, C의 집에는 30제곱미터용 소형 공기청정기 세대를 거실과 방 그리고 주방에 놓는다면, 집 전체 공기가 가장 빨리 정화되는 집은 소형 세 대를 둔 C의 집이 되는 셈이다. 따라서 거실에는 용량이 큰 제품을 두고, 방에는 용량이 작은 제품을 별도로 두는 것이 바람직하다.

환경부는 무엇을 위해 존재하는가?

변화를 거부하는 기상청

오전 5시, 기상청은 "황사가 오늘 아침을 고비로 점차 약해지겠다."고 예보했다. 두 시간 뒤, 예보한 대로 황사주의보는 해제됐다. 그런데 약해질 거라던 황사는 오히려 더 심해졌고, 황사주의보 해제 한 시간 만에 울릉도의 PM10 농도는 무려 $1,083\,\mu g/m^3$을 기록했다. 시간이 갈수록 황사는 점점 더 짙어지기만 했다. 서울을 비롯한 상당수 지역의 PM10 농도는 $2,000\,\mu g/m^3$을 넘어섰고, 서해 백령도는 $2,370\,\mu g/m^3$까지 치솟아 사상 최고치를 기록했다. 가까운 건물이나 차량 등이 잘 보이지 않을 뿐 아니라 숨 쉬는 데 불편을 느낄 정도다. 사상 초유의 고농도 황사 유입, 2006년 4월 8일 토요일에 발생한 일이다.

또 다른 날, 주말의 화창한 날씨를 기대하며 접한 금요일 밤의 일기 예보에 황사 소식은 없었다. 그리고 맞이한 이튿날 아침, 중국발 초고농도 PM2.5가 전국을 뒤덮었다. 기상청이 황사 예보를 누락한 것이다. 오전 일찍부터 벚꽃놀이에 나선 사람들은 마스크도 준비하지 못한 채 고농도 PM2.5를 양껏 마셔야 했다. 오후 1시가 지난 시각, 기상청은 "황사가 왔으니 주의하라."고 뒷북을 쳤다. 황사 종료 예상 시점도 '일요일 아침'에서 '일요일 오전'으로 또다시 '일요일 오후'로 바꾸는 등 수시로 오락가락했다. 기상청과 함께 PM을 예보하는 국립환경과학원의 대응도 별반 다를 게 없었다. 토요일과 일요일 예상 PM10은 '나쁨'이라고 했지만, 실제로는 '매우 나쁨' 수준이었다. 일요일 오후 6시 서울 일부 지역의 PM2.5 농도는 $113\,\mu g/m^3$까지 치솟았지만 완강하게 침묵을 유지하며 무책임의 절정을 보여주었다. 2016년 4월 8일 토요일과 4월 9일 일요일 사이에 벌어진 일이다.

10년의 세월이 흐르는 동안 기상청은 변하지 않았고, 국민이 PM의 습격에 속수무책으로 당할 수밖에 없는 상황도 계속됐다. PM은커녕, 하물며 날씨 예측도 엉망인 경우가 허다해 오죽하면 기상청을 '중계청'이라고 부를까? 기상청의 무능으로 인한 피해가 고스란히 국민에게 전가되고 있다. 심지어 기상청의 오보와 무신경한 대처는 이제 만성화되고 있다.

환경부 장관의 안이한 태도

국내 환경 관리를 책임지고 있는 환경부 장관이라면, 속절없이 찾아와 국민을 병들게 하는 PM에 얼마나 큰 분노가 치밀까? 환경부 장관의 PM에 대한 인식이 어느 정도인지를 최초로 알게해준 사례가 있었다. 2016년 6월 22일, 환경부 장관의 기자 간담회가 열렸다. 기자들은 6월에 공개된 정부의 PM 대책에 대해 국민들의 공감대가 떨어진다고 지적했다. 이에 대해 환경부 장관은 "정책이 아직은 불완전하지만 조금씩 개선해나가도록 하겠다. PM을 줄여 맑은 공기, 맑은 하늘을 하루 속히 되찾아 국민이 생활하는 데 고통 없도록 노력하겠다. 우리 아이들도 운동장에서 마음껏 뛰어 놀도록 해주고 싶다."는 내용의 답변을 하지 않았을까 기대했다. 환경부 수장으로서 국민이 PM으로 수년째 고통 받고 있다는 걸 누구보다 잘 알고 있을 것이라고 생각했기 때문이다. 하지만 환경부 장관은 국민 정서뿐 아니라 현실과도 한참 동떨어진 황당한 발언으로 듣는 이를 경악하게 만들었다.

"세계보건기구 산하 국제암연구소(IARC)가 미세먼지를 발암물질로 지정하는 바람에 국민들이 더 민감하게 받아들이게 됐다. 건강한 사람은

미세먼지를 그리 걱정하지 않아도 된다. 세계보건기구에서 미세먼지를
발암물질이라고 주장한다고 해서 가치 부여를 할 필요는 없다. 커피도
발암물질이라고 했다가 아닌 것으로 됐다."

중국 외교부 대변인이 한국 들으라고 내뱉은 망언과 헷갈릴 정도의 발
언이다. 발암 가능성이 명백한 1군 발암물질로 지정된 PM을 커피와 비
교하다니! 환경부 장관의 커피에 대한 애착이 유달리 컸던 것일까? PM
의 유해성은 제대로 잘 알지도 못하면서 커피의 발암 여부 논란은 알고
있었다는 것이 신기할 따름이다.

1990년, 세계보건기구의 국제암연구소는 커피를 볶는 과정에서 생성
된 화학물질 1,000여 개 가운데 일부가 쥐 같은 설치류에게 암을 일으킬
수 있다는 이유로 커피를 2군 발암물질로 지정했다. 이후 25년간 커피가
암을 일으킬 수 있다는 충분한 근거가 밝혀지지 않았다는 결론을 내리면
서 2016년 발암물질로 분류되지 않는 3군으로 하향 조정했다. 커피를 볶
는 과정에서 생긴 물질은 사실상 발암 가능성이 없다고 판단한 것이다.
IARC는 커피 속에 있는 식물성 화합물 등이 오히려 일부 암을 예방하
는 효과가 있는 것으로 평가했다.

반면, PM은 국제암연구소에서 세계 각국의 수많은 연구 논문 및 보고
서를 정밀하게 검토한 결과, 발암물질이라는 증거가 충분하다고 결론이
났다. 담배, 벤젠, 다이옥신, 카드뮴과 같은 유명 발암물질과 함께 어엿한
1군에 속해 있다. PM의 심각성을 누구보다 중요하게 여겨 PM 대책을
세워야 하는 주무 부처인 환경부 장관이 애초에 헤비급 권투 선수인 PM
과 권투 글러브만 살짝 끼웠다 벗은 정도인 커피를 비교 언급한 것 자체
가 조금도 사리에 맞지 않았다.

1군 | 발암성
미세먼지, 담배연기, 석면

2A군 | 발암성 추정
아크릴아마이드(감자튀김 등), DDT

2B군 | 발암 가능
커피, 휘발유, 피임약, 절인 채소

3군 | 미분류 물질
커피, 차(tea), 탄닌, 마테

그림 50 **그룹별 발암물질**

환경부는 환경오염과 훼손을 예방하고, 환경을 적정하고 지속가능하게 관리·보전하여, 모든 국민이 건강하고 쾌적한 삶을 누릴 수 있도록 만드는 임무를 맡은 중앙 행정기관이다. 특히 PM과 밀접하게 관련된 자동차 공해 방지 및 저공해 연료 사용, 대기환경 기준 설정 등은 환경부의 주요 업무다. 이런 부처의 수장이 PM의 위해성에 대한 이해도가 부족하다는 것을 방증하는 발언으로 국민을 침통하게 만들었다. 기상청의 상부 부처인 환경부 장관의 인식에서 지난 10년간 크게 달라진 것 없던 기상청의 무능한 PM 예보도 이해가 간다.

느슨한 국내 환경 기준

2017년 기준, 환경부가 정해놓은 우리나라의 환경 기준은 다른 나라에 비해서 느슨한 편이므로 주의보 단계에서 선제적으로 대응할 필요가 있다. 즉, PM2.5 일평균 농도의 경우, 일본 기준은 $35\mu g/m^3$인 반면 한국은 $50\mu g/m^3$이다. 일본보다 1.4배 느슨하게 책정되어 있는 것이다. PM2.5 농도 $40\mu g/m^3$일 때 한국은 '보통'이라며 어린이, 노약자 및 일반인의 실외 활동에 문제없다고 하지만, 일본은 '나쁨'이므로 민감군은 물론, 일반인도 실외 활동을 자제해야 한다고 경고한다.

한국의 PM2.5 기준 $50\mu g/m^3$은 일본뿐 아니라 다른 국가에 비해서도 고개가 갸우뚱할 정도로 지나치게 느슨하다. 미국 $35\mu g/m^3$, 캐나다 $28\mu g/m^3$, 호주 $25\mu g/m^3$, WHO $25\mu g/m^3$ 등 대부분의 선진국과 차이가 크고, 특히 호주와 WHO의 기준에 비하면 두 배나 느슨하다. 중국마저 1급 지역에는 $35\mu g/m^3$의 기준을 적용하고 있을 정도다. 한국만 PM2.5에 유달리 관대한 것이다. PM10 기준도 마찬가지로 우리나라가 캐나다의 네 배, 호주와 영국, 유럽연합(EU), WHO보다 두 배나 더 느슨하다.

한국의 PM2.5 환경 기준이 선진국에 비해 유독 허술한 이유는 무엇일까? 환경부가 밝힌 표면적 이유는 "환경 기준이란 그 나라의 오염 상황, 사회, 경제적 발전 단계, 기술 수준 등을 고려해 설정하는데 우리나라의 환경 기준은 WHO가 2005년에 제시한 PM 잠정 목표 중 2단계 잠정목표를 채택하고 있다."는 것이다. 그럼, 중국의 환경 기준은 뭐란 말인가? 한국 환경부가 본의 아니게 중국을 환경 관리 잘하는 나라로 만들어버렸다.

반면, 국민의 눈으로 해석한 이유는 바로 이런 것이다. "만약 환경 기준을 강화하면, 수시로 기준치를 초과하게 될 것이고, 국민은 환경부를 지금보다 더 강렬히 비판할 것이며, (안 그래도 없는) 책임감을 더욱 거세

표 21 PM2.5 국내외 기준

항목	기준 시간	한국	미국	일본	중국 1급	중국 2급	영국	캐나다	호주	EU	WHO 권고 기준
PM2.5 (µg/㎥)	일평균	50	35	35	35	75	–	30	25	–	25
	연평균	25	15	15	15	35	25	10	8	25	10

표 22 WHO의 PM 잠정 목표 및 권고 기준

기준		잠정 목표 1	잠정 목표 2	잠정 목표 3	권고 기준
PM2.5	연평균	35	25	15	10
	일평균	75	50	37.5	25
PM10	연평균	70	50	30	20
	일평균	150	100	75	50
각 단계별 연평균 기준 설정시 건강에 미치는 영향		권고 기준에 비해 사망 위험률이 약 15% 증가 수준	잠정 목표 1보다 약 6%(2~11%) 사망 위험률 감소	잠정 목표 2보다 약 6%(2~11%)의 사망 위험률 감소	심폐 질환과 폐암에 의한 사망률 증가가 최저 수준

게 요구하게 될 것이므로 이를 미연에 방지하고자."가 아닐까 한다. 이런
저런 상황을 억누르기 위해 무려 10년도 더 지난 WHO 잠정 목표 2단계
기준을 여태껏 고수하고 있는 환경부는 이제 철옹성 같은 틀을 깨고 변
화를 받아들여야만 한다.

환경부 덕분에 경험한 소름 돋는 데자뷰

아직 국내에서 PM이 사회적 이슈가 되기 전인 2005년 1월 2일, 환경부
는 첫 'PM 저감 대책'을 발표했다. 특히 "향후 10년 내 유럽 주요 도시의
현재 수준으로 미세먼지를 개선하겠다."는 정책 목표도 담겨 있었다. 그

런데, PM 대책은 세상의 빛도 제대로 누려보지 못하고 대책과 목표 수준에서 어디론가 소멸하고 말았다. 11년이 흐른 후, 환경부는 변하지 않았지만 국민은 변화했다. PM에 대한 인식이 빠르게 확산되고, 사회 문제로까지 떠올랐다. 국민의 원성이 극에 달하자 2016년 6월 3일 정부는 범부처 합동 '미세먼지 관리 특별대책'을 발표했다. 주무 부처인 환경부가 제시한 정책 때문에 소름 돋는 데자뷰를 경험했다. 이번에도 "향후 10년 내에 유럽 주요 도시의 현재 수준으로 미세먼지를 개선하겠다."고 한 것이다. 11년 전과 토씨 하나 달라지지 않았다. 내용으로는 PM의 원인에 대한 인식과 친환경자동차의 보급 확대, 노후 경유차 폐지 등을 담았는데, 이 또한 11년 전 마련한 대책의 재탕이었다. 토씨 하나라도 달라진 게 있다면, '한-중 공동 미세먼지 실증 사업 확대' 방안인데, 현재 서울 등 수도권 세 개 도시와 중국 베이징 등 35개 도시로 한정된 대상을 2017년부터는 서울 등 17개 시도와 베이징 등 74개 도시로 확대하겠다는 내용이다. 그러나 이 방안마저도 이미 환경부가 지난 2014년 상반기 내에 완료하겠다던 내용의 재탕이었다.

환경부의 PM 정책이나 그 대응은 주먹구구식에 아마추어 수준을 벗어나지 못하는 경우가 많다. 수시로 열리는 환경 관련 회의에서는 대체 무슨 대화를 하며 시간을 보내는지 결국 이전 정책의 재탕, 삼탕을 반복한다. 환경부의 헛발질이 계속되는 사이, PM 문제는 더 짙어졌고 느슨한 환경 기준은 붙박이가 돼 버렸다. 경악할 만한 책임 회피와 직무 태만은 기본이고, 오로지 '절대적 안정'만을 추구하는 보신주의에 빠졌다. 국민의 건강과 직결된 사안을 두고 이런 행태를 벌이는 곳이 과연 국민 세금으로 운영되는 정상적인 국가 조직이라고 할 수 있을까?

낯 부끄러운 대기환경분석력

환경부 소속 연구 기관인 국립환경과학원은 2017년 3월 17일부터 21일까지 닷새 동안 한반도 상공을 뒤덮은 PM2.5 중 최대 86퍼센트가 중국 등 주변국에서 유입된 것이라고 분석했다. 국외로부터 유입된 PM10 비율이 70퍼센트를 넘은 날이 5일 중 3일이었고, 같은 날 PM2.5는 80퍼센트를 넘었다. 베이징 등 중국 수도권 지역에서 서풍이 불어와 한반도에 닷새 동안 대기가 정체되면서 PM2.5 농도가 높아진 것이다.

이에 앞서 환경 분야 국책 연구 기관인 한국환경정책평가연구원(KEI)의 2016년 11월 30일자 보고서 〈최근 초미세먼지 농도 현황에 대한 다각적 분석〉에 따르면, 2001~2008년 서울의 PM10 농도가 $100\mu g/m^3$ 이상이었던 254일을 집중 분석했더니 해외에서 온 오염 물질이 최대 70퍼센트에 이르는 것으로 조사됐다. 이 중 대부분이 중국발 PM10이었고, 그 외 일부는 카자흐스탄 등 중앙아시아, 몽골 등에서 온 오염 물질로 여겨진다고 밝혔다. 한반도 주변 기류를 시간을 거슬러 올라가 추적 조사한 후 내린 결론이었다. 그전까지는 우리나라의 대기질에 중국발 PM이 미친 영향이 40~50퍼센트 수준으로 알려져 있었으나 고농도 PM이 발생했을 때 오염 물질의 70퍼센트 가량이 중국과 몽골에서 날아온 것으로 확인된 것이다. 전라북도 보건환경연구원이 한국국토정보공사와 2017년 5개월 간 빅데이터를 활용한 PM 원인 분석 결과에서도 PM 발생의 60~70퍼센트가 중국의 영향으로 나타났다.

앞서 언급한 네 개의 기관—국립환경과학원, 한국환경정책평가연구원, 전북보건환경연구원, 한국국토정보공사—이 제시한 수치를 보면, 한국의 겨울과 봄에 떠도는 PM을 보고 떠오르는 것은 '중국'밖에 없을 정도다. 그러나 중국발 PM에 대해 이들이 제시한 수치는 사실 신뢰성이 높다고 보기 어렵다. 이들 네 기관뿐 아니라 환경부와 소속 기관, 기상청, 수도권 대기환경청 등을 비롯해 국내의 모든 기관과 대학 연구진에서 발표하는 수많은 자료도 중국발 PM이 한반도에 미치는 영향이 정확히 어느 정도인지 속 시원하게 답해줄 수 없는 실정이다. 대기 정체에 의해 발생하는 고농도 PM이 어디로 향하게 될 것인가는 풍향과 풍속이 좌우하는데, 이것이 어떻게 움직일 것인지는 모델로 예측할 수밖에 없다.

환경부의 경우 'CMAQ(Community Multi-scale Air Quality version 4.6)'이라는 대기질 예보 모델에 배출량 증감추정방법Brute Force Method(BFM)을 적용해 국외 영향 정도를 산정한다. 여기에 한국과 중국의 평상시 배출 오염원 전체량을 입력한 상태에서 매일 그날의 기상 정보를 추가하면, 날마다 다른 국내외 PM 기여율을 계산해낼 수 있다. 문제는 CMAQ는 지역 단위 대기 오염 예측을 위해 미국 환경청이 개발한 대기질 모델이라 미국 관측 자료에 부합되도록 최적화되어 있다는 것이다. 따라서 국내 관측 자료를 이용하려면 필요에 맞게 모형을 수정 보완해야 한다. 그러나 한국은 미국에서 개발된 모형을 단순하게 사용하는 수준이어서 한국 실정에 맞게 모형을 수정 보완하지 못하고 있다. 게다가 중국의 평상시 배출 오염원 전체 양을 정확히 알기도 어렵고, 중국 내부의 세세한 실시간 기상 측정 자료를 접할 수도 없는 상황이다. 중국은 한국 정부에 주요 도시의 실시간 PM 측정치를 제공하고 있으나, 정작 중국발 PM의 국내 유입을 분석하는 데 필요한 배출량 자료는 공개하지 않고 있기 때문이다. 또 국외에서 한반도로 유입되는 PM은 비단 중국발만이 아니다. 북한, 몽골, 러시아, 일본 등 주변 국가의 PM도 상당하지만, 이들 국가의 PM 관련 정보 자료가 한국 정부에게 있을 리 만무하다. 그나마 다행인 것은 늦긴 했지만 2017년부터 3년간 수백억 원을 들여 한국 환경에 맞는 대기질 예보 모델 개발에 나설 예정이라는 것이다.

2017년 1월 2일과 3일, 국내 모든 권역에서 PM10과 PM2.5 '나쁨' 또는 '매우 나쁨' 단계를 훌쩍 넘기는 곳이 많았다. 이때 한국환경정책평가연구원은 중국발 PM을 주범으로 지목하고 다음과 같은 설명과 '자료(INTEX-B)'를 기사에 곁들였다. "한반도와 가까운 중국 동북 지역은 중국 내에서도 대기 오염 물질 배출이 가장 많은 곳으로 2006년 미국 항공우주국이 중국의 대기환경 전문가들과 함께 중국 전역의 연간 대기 오염 물질 배출 실태를 조사한 결과, 산둥(170만 2000톤), 허베이(137만 1000톤), 장쑤(120만 톤)가 상위 세 곳에 들었다." 그런데, KEI가 중국발 PM을 설명하며 제시한 내용의 '자료(INTEX-B)'에서 활용된 대부분의 중국 통계는 무려 10년도 더 묵은 2004년/2005년의 정보였다. 그리고 차량 배기가스 오염원인 2차 PM2.5의 생성 반응을 일으키는 공기 중 주요 물질인 암모니아와 관련한 조사는 아예 제외시켰다. 중국의 자동차 보유 대수만 해도 10년 전과 지금에 큰 차이가 있고, 배기가스의 양도 마찬가지다. 따라서 10년도 더 묵은 자료를 바탕으로 현재의 상황을 설명하자니 오차는 당연하고 신뢰도도 떨어질 수밖에 없다. 중국발 PM이 한국에 영향을 준다는 근본적인 사실까지 중국으로부터 공격받지 않으려면 최신 자료를 바탕으로 현재의 국내외 상황을 설명할 수 있어야 한다.

교육부는 어린이를 지켜야 한다

교육부의 실속 없는 겉치레

"모든 아이는 우리 모두의 아이입니다." 교육부가 내세운 교육철학이다.

교육부는 모든 아이를 '우리 아이'라고 여긴다고 말하면서, 어째서 고농도 PM 속에서도 고집스레 운동회가 열리고 현장체험학습이 진행돼 아이들이 PM에 그대로 노출되도록 학교를 방치했을까? 교육부 장관은 "우리 아이들이 행복하고 올바르게 성장할 수 있도록 최선을 다하겠다."고 약속했지만, 행정 편의와 제한된 예산과 또 다른 각종 핑계를 대며 교육 현장에서 PM이 아이들 신체를 오염시키도록 내버려두었다.

PM이 사회적 이슈가 된 지가 언제인데 교육부는 2016년 3월에야 처음으로 시도 교육청과 일선 학교에 '고농도 PM 대응 실무 매뉴얼'을 마련해 배포했다. 그럼에도 PM10, PM2.5가 '나쁨' 또는 '매우 나쁨'인 상태는 무시하고 야외수업, 체험학습, 체육 수업을 진행하거나 심지어 소풍 또는 운동회를 여는 학교도 부지기수다. 교육부는 PM의 공격으로부터 아이들의 행복과 올바른 성장을 지켜내기 위해 할 수 있는 것이 없다. 교육부 차원에서 아무리 지침을 강화해도 학교가 이를 지키지 않을 경우 규제할 방법이 없기 때문이다. 그렇다고 해서 교육부가 어린이들의 PM 노출을 줄이기 위해 학을 떼며 학교를 들볶는 것도 아니다. 교육부나 교육청이나 학교나 오십보백보인 것이, 교육부 또한 애초에 졸속으로 환경부의 매뉴얼을 약간만 손질해 만들어 배포한 매뉴얼이다 보니 당연히 허점이 많을 수밖에 없었다.

교육부와 교육청이 PM 예방 기준만 세울 것이 아니라 일선 학교 현장에서 이 같은 방침이 지켜지도록 관리, 감독을 보다 철저히 해야 한다. 이미 많이 늦었지만, 일선 학교에서 PM이 특정 기준을 넘었을 때는 실외 수업/활동을 법으로 금지해 아이들의 PM 오염을 최소화해야 한다. 이 밖에도, 최소 3년 전부터는 신설 학교를 중심으로 공기청정기나 공기정화설비의 설치를 의무화했어야 했다. 최소 6년 전부터는 아이들을 위한 황사 마스크를 유치원과 초등학교에 무상 배포했어야 했다. 최소 10년 전부터는 교통량이 많은 도로에 인접한 학교의 PM 농도를 전수 조사해 기준치가 넘는 학교에는 PM 차단벽을 설치했어야 했다. 물론 이런 제안을 하면 자동 반사적으로 '예산 타령'이 시작된다. 한데, 교육부의 비효율적인 예산 및 인력 관리, 방만한 운영만 개선해나간다면 단계별로 시행 가능한 정책들이다. 그동안 수백억 원 낭비된 국고만 없었어도 충분히 시작할 수 있었다.

2060년, 대기 오염으로 인한 조기 사망률 1위의 주인공이 될 어린이들

늘 울상 지으며 '예산 타령'을 하지만, 정작 사회적 비용social costs을 감안해본다면 현재 아이들에게 투자하는 PM 관련 예산은 절대 크다고 볼 수 없다. 아이들 건강을 위한 투자는 미래에 필연적으로 발생할 수밖에 없는 사회적 비용을 낮추는 최선의 방법 중 하나다.

2002년, 우리나라의 대기 오염에 따른 연간 사회적 비용은 약 45조 원으로 국민 1인당 67만~127만 원(평균 약 97만 원)을 부담하는 셈이었다. 십수 년간 대기 오염은 더욱 악화됐으므로 현재는 비용이 더 증가했을 것이 명백하고, 미래는 더 암울하다. 경제협력개발기구(OECD)는 2016년 6월, 추가 정책 대응 없이 대기 오염을 방치할 경우 발생하는 장기적인 경제적, 사회적 비용을 〈실외 대기 오염의 경제적 결과The economic consequences of outdoor air pollution〉란 보고서를 통해 발표했다. OECD는 한국에서 대기 오염으로 인한 의료비 증가, 질환 발생 등으로 노동 생산성이 떨어지는 등 직접적인 경제적 손실(시장비용)이 지속적으로 증가하여, 40년 후인 2060년에는 1인당 연간 500달러, 사회 전체로는 200억 달러(22조 4500억 원)의 사회적 비용이 발생할 것으로 추산했다. 또한, 매우 친절하게도,

2060년 대기 오염으로 인한 한국의 조기사망률이 34개 OECD 회원국 가운데 1위가 될 것이라고도 미리 경고해주었다. 2010년에는 기준 인구 100만 명 당 조기 사망자 수가 359명이었지만, 50년이 지나 2060년이 되면 100만 명당 조기 사망자 수는 1,109명으로 증가할 것이라는 전망이다.

약 40년 뒤 조기 사망자 수가 가장 큰 폭으로 증가할 것으로 보이는 나라는 한국 외에 인도와 중국이 있다. 2060년이 되었을 때, 중국의 조기 사망자 수는 2,052명으로 현재 662명의 3배 이상으로 증가하고, 인도의 조기 사망자 수는 2,039명으로 현재 508명의 4배가량 늘어날 것으로 예측됐다. 하지만, 인도와 중국은 OECD 비非 회원국이므로 조기 사망률 비교 대상에 포함되지 않아 한국이 조기 사망률 1위를 차지한 것이다. OECD는 2060년 국가별로 조기 사망자 전망이 엇갈리는 이유에 대해, "미국과 서유럽 국가는 청정 에너지와 저공해 교통수단 사용으로 조기 사망률이 낮아지지만, 한국·인도·중국은 인구 집중과 도시화로 경유차, 공장, 대형 건물의 냉난방 설비 등에서 나오는 대기 오염 물질에 더 많이 노출될 것으로 예측되기 때문"이라고 밝혔다. 34개 OECD 회원국 중 한국만이 유일하게 대기 오염으로 인한 조기 사망자 수가 1,000명을 넘어설 것으로 보인다니, OECD가 예측한 50년 후 한국의 대기 오염 피해는 이토록 절망적이다.

이 밖에도 대기 오염으로 입게 될 노동 생산성 저하 등 경제적 피해 또한 한국이 OECD 회원국 중 가장 클 것으로 전망됐다. 2060년 한국의 국내총생산(GDP) 손실 규모는 0.63퍼센트로 미국(0.21퍼센트)이나 일본(0.42퍼센트), EU 주요 4개국(0.11퍼센트)을 크게 앞질렀다. 조기 사망률이 늘어난다는 것은 그만큼 질병이 증가하고 노동 생산성도 떨어진다는 의

미다. 이는 한국 사회가 고스란히 떠안아야 할 부담이고 짐이다. PM은 이미 질병을 일으키고 사망에 이르게 하는 환경오염 요인 중 가장 영향이 큰 총체적 문제 덩어리라고 봐도 무방하다.

지금 당장 대기질을 개선하고 아이들의 PM 노출에 관심을 갖지 않는다면 불과 50년 뒤에 발생하는 사회적 비용은 천문학적인 수준에 달하게 될 것이다. '무상급식'으로 아이들 잘 먹이는 것이 중요하듯, 잘 마련된 'PM 대책'으로 아이들 건강에 예산을 쏟는 것도 한국의 번영과 미래를 위해 중요한 일임을 깨달아야 한다. 유치원, 초등학교에 황사 마스크 배포하기, 모든 교육 현장에 점진적으로 공기청정기 또는 공기정화설비 갖추기, 교통량이 많은 도로에 인접한 교육 시설에 PM 차단벽 세우기와 같은 대책이 진작에 마련되지 않았던 것은 단지 예산 때문만이 아닐 것이다. 바로 PM에 대한 교육부의 무지에서 비롯된 것이다.

리더의 공감 능력이 필요할 때

미국 로스앤젤레스는 1940~1950년대 대기 오염 도시로 악명 높았다. 오염의 주범은 급속하게 늘어난 자동차 배기가스였다. LA는 대기환경개선을 위해 꾸준히 노력한 끝에 '스모그 도시'라는 오명에서 벗어났다. 성공의 핵심은 불가능하다 싶을 만큼 가혹한 자동차 배기가스 통제였다. 예를 들어, 1990년 캘리포니아 환경보호청은 '저공해(무공해) 자동차Low Emission Vehicle(LEV) 기준'을 시행하고 자동차 제조 업체에게 오염 물질을 전혀 배출하지 않는 무공해 자동차Zero Emission Vehicle 판매 비중을 1998년부터 2000년까지 2퍼센트로, 2001년부터 2002년까지 5퍼센트로,

2003년 이후에는 10퍼센트로 높이도록 요구했다. 사람들은 말도 안 된다고 손사래 쳤다. 당시엔 전기자동차 기술 자체가 해당 목표를 달성할 만큼 성숙한 수준도 아니었기 때문이다. 캘리포니아 환경보호청은 어쩔 수 없이 1998년부터 2001년까지는 무공해 자동차 판매 목표를 유예했다. 그 뒤에도 여러 차례 목표를 수정했고, 계속되는 압박에 뿔난 자동차 기업이 소송을 제기해 법정 싸움에 휘말리기도 했다. 캘리포니아 환경보호청이 계속 버티며 여기서 얻어터지고 저기서 들이 받히는 와중에도 전기차 기술은 빠르게 발전했고, 결국 미국의 다른 10여 개 주에서도 캘리포니아주의 환경 기준을 가져와 도입하기 시작했다.

캘리포니아 환경보호청은 대기 오염 개선 정책을 마련할 때, 경제적·기술적 한계를 핑계 삼지 않고, 유해 환경 개선이라는 유일한 목표만을 최상위에 두었으며, 경제적·기술적 한계는 오히려 채찍질해가면서 끌고 가리라 작정했다. 뚝심이란, 이런 데에 쓰라고 있는 것이다. 명확한 목표를 세우기 전에 이런저런 상황 먼저 고려하고 눈치 보다가 있으나마나 한 계획만 세우기보다는, 이처럼 명확한 목표를 설정해두고 그에 맞는 정책과 행정력을 이끌어낼 수 있도록 애쓰는 것이 올바른 순서이다.

사회는 복잡한 문제로 가득 차 있다. 어느 누가 리더가 되든 그 모든 문제를 해결할 수 없다. 때문에 리더가 갖춰야 할 기본 소양은 최대한 많은 문제를 효율적으로 해결하기 위해 우선순위를 결정하는 능력이다. 사회 리더로서 무엇이 우선이고, 무엇이 나중인지를 판가름하는 재능, 그것은 '공감 능력'으로부터 나온다.

공감 능력이란 열린 마음으로 경청하고 이를 통해 상대방이 전달하고자 하는 의사는 물론, 그 내면에 깔려 있는 동기나 정서, 그리고 현재 겪고 있는 문제 전반을 파악할 줄 아는 능력이다. 한국 정부의 리더들에겐 공감 능력이 없었다. 그들은 PM에 대한 국민의 원성을 파악하지 못했다. 개인 성격상 공감 따위에 관심 없다 할지라도, 공직자가 되었다면 국민의 가려운 곳을 긁어 주고, 국민이 울상일 땐 사정을 파악하려 애쓰는 사명감이라도 있어야 했는데, 그것마저 부족했다. 공감 능력이나 사명감이 부족한 것으로 치자면 자칭 국민의 대표라는 국회와 국회의원은 더 문제일 수도 있다. 긴 세월 동안 무엇―보이콧, 파상 공세, 생떼 쓰기, 트집 잡기 등―을 하다가 국민 감정이 폭발하자 그제야 너도 나도 미세먼지 공청회를 열고 법안 마련에 분주하다. 전형적인 국회의원의 행동거지다 보니 이제는 그러려니 싶다.

국민의 꾸준한 고통과 분노는 공감 능력 대신 생존 본능만 펄떡이는 정치인들을 드디어 자극했고, 머지않아 국내 PM 저감을 위한 여러 대책이 제시될 것으로 보인다. 물론, 그동안 관련 법이 없어서 PM이 문제가 된 것은 아니었다. 이미 '대기환경 보전법'과 '수도권 대기환경개선에 관한 특별법'으로 PM의 일정 부분은 관리해오고 있다. 지금도 1차 PM은 오염원의 배출 허용 기준과 배출 부과금 제도로 관리되고 있고, 2차 PM의 오염원인 황, 질소산화물은 배출 허용 기준, 총량제, 배출 부과금제 등을 지역에 따라 달리 적용하여 관리되고 있다. 단지, 관련 업계가 이를 제대로 지키지 않았고, 당국은 관리감독에 소홀해서 문제를 키워온 부분이 크다.

이제야 정부와 정치권에서 PM 저감을 위한 새로운 규제 정책을 세우고, 기존 정책을 보완하며 새로운 에너지 정책을 도입하려는 흐름이 뚜렷해질 것으로 보인다. 이런 흐름 속에서 분명히 해야 할 것은 드러나는 것―계획안, 보고서, 비방, 뉴스거리 만들기 등―보다는 집행력과 구속력을 갖춘, 그리고 관리 감독이 지속적으로 이루어질 수 있는 정책이 제시되어야 한다는 것이다. 앞서 캘리포니아의 사례에서도 그러했듯이, 국민 모두의 건강을 위한 정책임에도 경제성이니 현실성이니 따지는 반대의 목소리도 분명 나올 것이고, 그들 나름대로의 타당한 이유도 있을 것이다. 이런 순간이 왔을 때, PM 관련 부처의 리더들이 공감 능력을 발휘해야 한다. 무엇보다 국민의 건강을 염두에 둔다면 선택의 기로에서 갈등하는 일은 없을 것이다.

2017년 2월, 프랑스 파리 시장인 안 이달고Anne Hidalgo가 2020년 올림픽 개최지인 도쿄를 방문했다. 2024년 파리에서 열릴 올림픽을 준비하기 위해서였다. 그녀는 도쿄 도지사 고이케 유리코小池百合子를 만난 자리에서 "도쿄는 10년 만에 디젤을 성공적으로 제거했습니다. 파리는 이에 영감을 얻어 경험을 쌓고자 합니다."라며 대기 오염 문제를 극복한 도쿄의 대기 오염 정책을 극찬했다.

2016년 겨울, 프랑스의 관광 명소인 트로카데로 광장에서 고작 700미터 거리에 위치한 에펠탑이 대기 오염 때문에 형체를 구분하기 어려울 만큼 보이지 않게 됐다. 며칠째 발생한 '에펠탑 실종 사태'에 큰 충격을 받은 파리는 도쿄를 벤치마킹한 대기 오염 정책을 시행 중이다. 배출가스 등급제를 만들어 연식과 연료 등에 따라 1~5등급으로 분류하고 파리 및 수도권을 오가는 모든 차량에 등급 스티커를 의무적으로 부착했다. 대기질이 나빠지면 시민 차량 2부제를 실시하고, 배출가스의 양이 가장 많은 5등급 차량(2001년 이전 등록 차량)의 운행을 금지했다. 설령 대기질 상태가 나쁘지 않다 할지라도 5등급 차량은 평일 낮 동안 파리 도심에 진입할 수 없다. 또 2025년까지 도심에서 디젤 경유차를 완전히 퇴출시키겠다는 계획도 발표했다.

이달고 시장에게 대기 오염 정책의 영감을 가져다준 장본인은 이시하라 신타로石原慎太郎 전 도쿄 도지사다. 한국 내에서 '망언 제조기'로 유명한 극우 성향의 이시하라 신타로는 현대 일본 정치인 중 가장 이단적 존재라고 할 수 있다. 정치인으로서 대중과 언론의 높은 관심을 받아 1968년 최고 득표율로 참의원에 당선된 후 의원 생활을 25년 이상 유지했으며, 1999년 도쿄 도지사(임기 4년)에 처음 당선한 후 4선 재임에 성공해 무려 16년간 도쿄 도지사 자리를 맡은 사실은 일본에서 그의 인기가 보통이 아니었다는 것을 증명한다. 특히 2003년 도쿄 도지사 선거 때는 사상 최고인 70퍼센트의 득표율로 재선에 성공했다. 도쿄 주민들의 마음을 사로잡은 그의 비결은 1950~60년 고도의 경제 성장기에 심각하게 오염된 도쿄의 잿빛 하늘을 푸른 하늘로 바꾸는 데 성공한 그의 수고에 있었다.

이시하라는 도쿄 도지사에 취임한 즉시 PM과의 전쟁을 선포했다. 특히 2000년에는 PM 전담 부서를 출범시켰고 중앙정부의 자동차 배기가스 규제가 충분하지 않자 아예 독자적으로 환경확보조례를 제정했다. PM 배출 기준을 초과하는 디젤 자동차는 신차를 등록한 지 7년 후 운행을 금지시켰고 이를 어길 경우 높은 벌금을 부과하는 정책을 시행했다. 이는 중앙 정부가 제정한 디젤 자동차 규제를 훨씬 뛰어넘는 초강력 규제였다.

가장 먼저 반대한 건 중앙정부였다. 여기에 자동차 제조업체 및 화물차 운송 단체까지 격렬하게 반발하며 일어섰다. 그러나 이시하라는 물러서기는커녕 오히려 더 튀어 올랐다. 아예 디젤 자동차에서 배출된 검은 PM을 투명 페트병 안에 모아 담아 여기저기 보여주고 다니면서 "이런 미세먼지가 도쿄에서만 하루에 12만 병이나 나온단 말입니다!"라고 외치며 도쿄 대기 오염의 심각성을 홍보했다. "시간이 지날수록 도민들이 죽어 나간다!"고 강조하며 저공해 차량 개발을 독촉했다. 그의 유별난 행동은 삽시간에 언론의 이목을 끌었고 전국적인 화젯거리가 되면서 대기 오염 정책에 대한 여론이 이시하라의 편으로 크게 기울었다.

이시하라가 디젤 자동차 정책을 고집스레 밀어붙이자 결국 중앙정부도 배기가스 규제 강화에 동참하고 나섰다. 효과는 즉시 나타났다. PM10와 PM2.5가 확연히 줄기 시작했다. 특히 PM2.5의 연평균 수치는 2001년부터 10년간 55퍼센트나 줄었다. 도쿄가 대기 오염에서 성공적으로 탈출한 것이다. 규슈대학교 대기해양환경연구센터의 다케무라 도시히코竹村俊彦 교수에 따르면 1990년대 도쿄의 시야 불량(습도가 75퍼센트 미만이면서 시야가 10킬로미터 미만인 경우를 가리키는 상태) 연간 누적 시간은 3,000시간(125일)가량에 달했지만, 2017년에는 100시간 미만(약 4.2일)으로 줄었다. 또한, 오카야마대학 연구팀에 따르면 도쿄의 PM2.5 감소 덕분에 도쿄 도내에서 뇌졸중으로 인한 사망률이 8.5퍼센트 가량 감소했다는 연구 결과도 나왔다.

도쿄의 대기 오염과 서울의 대기 오염에는 서로 다른 요인이 있다. 도쿄는 자체적인 오염 요인이 높았던 만큼 내부에서 오염원을 제거하여 높은 효과를 볼 수 있었지만, 한국은 중국의 대기 오염도에 크게 영향을 받기 때문에 중국의 변화도 중요하다. 이 상황을 핑계 삼아 PM 대책 요구에 소극적이었던 것이 현재까지의 모습이었지만, 이제 더 이상은 변화를 지체할 수 없다. 시간이 지날수록 우리 국민의 생명이 위협받고 있다.

감사의 글

사위의 목소리만 들어도 기뻐하시는 존경하는 장인어른 김용환 님과 항상 에너지 넘치시는 장모님 정영숙 님께 감사의 말씀을 올린다. 자주 찾아뵙지 못해 송구한 마음을 글을 통해서라도 전해 드리고자 한다.

탈고부터 출간 사이에 일어나는 많은 업무들을 능숙하고 세심하게 처리해준 도서출판 휴머니스트 편집부에 감사의 마음을 전한다. 미세먼지 시료 분석 등 기술적인 지원을 해주신 상아프론테크 기술연구소 정지홍 소장님께 감사드린다. 미세먼지와 관련된 업무에 많은 도움을 주신 브라이스코리아 김도윤 사장님, 그리고 식지 않는 열정으로 제2의 인생을 열어가는 임지현 님께 감사드린다. 30년의 지기지우知己之友 한영진과 김현석에게도 감사를 전한다.

세상에는 여러 종류의 사람이 존재한다. 긍정적인 관점에서 본다면 똑똑한 사람, 말이 통하는 사람, 논리적인 사람, 배려심이 깊은 사람, 밥상머리교육, 즉 가정교육이 잘된 사람 그리고 이 모든 걸 다 합쳐 놓은 '지혜로운 사람'이 있다. 세상에서 가장 운 좋은 사람이란, 평생의 반려자로 '지혜로운 사람'을 만난 이가 아닐까. 탈고 직전까지도 자료 수집과 현명한 조언, 논문처럼 딱딱한 초고를 부드럽고 읽기 편하게 변환하고 새로운 정보로 부족한 부분을 채워 준, 어떤 때는 선배 같기도 하고 어떤 때는 동료 같기도 한 평생의 말동무, 사랑하는 아내 김윤정에게 '세상에서 가장 운 좋은 사람이' 한없이 깊고 깊은 감사의 마음을 전한다.

참고 문헌

교육부, 〈고농도 미세먼지 대응·실무매뉴얼: 시도교육청, 학교〉, 교육부, 2016.

김유미 외, 〈최근 중국의 초미세먼지 오염 연구 동향〉, Journal of Korean Society for Atmospheric Environment. VOL. 31 No. 5, 2015; http://www.jekosae.or.kr/xml/05282/05282.pdf(2017.01.06. 접속).

김동환, 《레드 앤 블랙: 중국과 아프리카 새 자원로드 열다》, 나남, 2011.

김정규, 《역사로 보는 환경》, 고려대학교출판부, 2009.

(사)대한교통학회, 〈동부간선도로지하화상세기 계획교통분석보고서〉, 2012.

서울시, 〈서울시 교통량조사 보고서〉, 2016; http://topis.seoul.go.kr/refRoom/openRefRoom_2_1.do(2017.04.20. 접속).

장재원, 〈그을음 페트병 들고 "이런게 하루 12만병"…충격 요법 통했다〉, 《동아일보》, 2017년 5월 13일; http://news.donga.com/3/all/20170513/84338432/1#csidxc2f85afeef04e7fbab44e3b030e6aee(2017.07.24. 접속)

정태웅·공지영, 〈IEA 보고서 '에너지와 대기 오염Energy and Air Pollution' 주용 내용과 시사점〉, 《인사이트 위클리》, 에너지경제연구원, 2016.

한은희 외, 〈산모-영유아의 환경유해인자 노출 및 건강영향연구(III)〉, 국립환경과학원, 2013.

하은희 외, 〈산모·영유아의 환경유해인자 노출 및 건강영향연구(IV)〉, 국립환경과학원, 2015.

환경부, 《석면, 알면 대비할 수 있어요》, 환경부대변인실, 2016.

환경부, 《바로 알면 보인다. 미세먼지, 도대체 뭘까?》, 환경부 대변인실, 2016.

쿵링위孔令鈺·추이정崔箏, 〈LA는 어떻게 '스모그 도시' 오명 벗었나: 로스앤젤레스가 벌인 '배기가스와의 전쟁〉, 《이코노미인사이트》, 2016; http://www.economyinsight.co.kr/news/articleView.html?idxno=3008(2017.03.10. 접속)

中国电力企业联合会, 2015 "2015年度全国电力供需形势分析预测报告", http://www.cec.org.

cn/guihuayutongji/gongxufenxi/dianligongxufenxi/2015-03-30/135847.html(2017.01.03. 접속).

中国电力企业联合会, "2016年度全国电力供需形势分析预测报告", 2016; http://www.cec.org.
cn/yaowenkuaidi/2016-02-03/148763.html(2017.01.03. 접속).

Areddy, J. T. and Spegele, B., "China Chases Renewable Energy as Coast Chokes on Air," *The Wall Street Journal*, 2013; http://blogs.wsj.com/chinarealtime/2013/12/06/china-chases-renewable-energy-as-coast-chokes-on-air/(2016.02.04. 접속).

A. Nemmar, P.H.M. Hoet, B. Vanquickenborne, D. Dinsdale, M. Thomeer, M.F. Hoylaerts, H. Vanbilloen, L. Mortelmans, B. Nemery, "Passage of Inhaled Particles Into the Blood Circulation in Humans," *Circulation*, 105, 2002; http://circ.ahajournals.org/content/105/4/411#F2(2016.11.19. 접속).

Barbara Finamore, Alvin Lin, and Christine Xu, "China Pledges to Tackle AirPollution with New Plan," *Switchboard*, 2013; http://switchboard.nrdc.org/blogs/bfinamore/china_pledges_to_tackle_air_po.html(2016.08.09. 접속).

Beijing Municipal Environmental Monitoring Center(BMEMC), *The annual average concentration of PM2.5 of 2013 was 89.5 microgram/m3*; http://www.bjmemc.com.cn/g327/s922/t1913.aspx(2016.05.31. 접속).

Beijing Municipal Environmental Monitoring Center, *Beijing released the most recent PM2.5 source apportionment results*, 2014; www.bjmemc.com.cn/g327/s921/t1971.aspx(2016.05.31. 접속).

Bloomberg News, *Xi Jinping Calls Pollution Beijing's Biggest Challenge*, 2014; http://www.bloomberg.com/news/2014- 02-26/xi-calls-pollution-beijing-sbiggest-challenge-as-smog-eases.html(2016.05.31. 접속).

Burkitt, L., Spegele, B., "Beijing fog prompts state media to shift tone." *Wall Street Journal*, 2013; http://online.wsj.com/news/articles/SB10001424127887324595704578241640520226304(2016.05.29. 접속).

Bushe, Marissa, *For China, the Future is Green?* 2013; http://www.edelman.com/post/forchina-the-future-is-green/(2016.07.09. 접속).

Chen Lan, "The Central Meteorological Observatory continues to issue warnings of haze pollution in different regions," *Xinhua News*, 2014; http://news.xinhuanet.com/photo/2013-01/14/c_124224924_2.htm(2016.08.04. 접속).

Cohen, Armond, *No China coal peak in sight; carbon capture will be necessary to tame emissions in this century*. Clean Air Task Force Blog, 2015; http://www.catf.us/blogs/ahead/2015/02/18/no-china-coal-peak-in-sight-carbon-capture-will-benecessary-to-tame-emissions-in-thiscentury(2016.12.10. 접속).

China National Environmental Monitoring Centre, *Requirement and Technical Indicators of PM2.5 Automatic Monitoring Equipments*, 2013;http://www.cnemc.cn/publish/106/news/

news_35953.html(2016.06.14. 접속).

CNTV, *Heavy Smog Shrouds Beijing*, 2013; http://www.china.org.cn/video/2013-01/24/content_27781528.htm(2016.01.24. 접속).

Dominguez, G., *China to 'get tough' on air pollution*. DW, 2013; http://www.dw.de/china-to-get-tough-on-air-pollution/a-16985124(2016.01.03. 접속).

Drysdale, Peter, "Productivity not reproductivity the new driver of Chinese growth." *East Asia Forum*[online]. 13 April 2015; http://www.eastasiaforum.org/2015/04/13/productivity-not-reproductivity-the-new-driver-ofchinese-growth/(2016.12.10. 접속).

EPA, *Particulate Matter. Retrieved from United States Environmental Protection Agency*, 2013: http://www.epa.gov/airquality/particlepollutio(2016.04.20. 접속).

EPA, U., 2014; http://www.epa.gov/airquality/particlepollution/graphics/pm2_5_graphic_lg.jpg(2016.04.20. 접속).

EPA, U. *AirNow*; 2014; http://airnow.gov/index.cfm?action=aqibasics.aqi(2016.04.20. 접속).

Facts and Details. *Air pollution in China*; http://factsanddetails.com/china/cat10/sub66/item392.html(2016.05.31. 접속).

Fu, J. Y., Jiang, D., Huang, Y. H., "1km Grid Population Datasetof China (PopulationGrid_China)," *Global Change Research DataPublishing & Repository*, 2014; http://www.geodoi.ac.cn/(2016.08.25. 접속).

Hanby, I. *Calibration & Use of the Sticky Pad Reader Guidelines for Use of the Sticky Pad Reader*; http://www.hanby.co.uk/CAL%20&%20USE%20SPR.htm(2016.09.29. 접속).

Hong C., Jeffrey C K., Ray C., Karen T., Paul J.V., Aaron v D., Perry H., Randall V. M., Brian J. M., Barry J., Andrew S. W., Alexander K., Richard T. B., "Living near major roads and the incidence of dementia, Parkinson's disease, and multiple sclerosis: a population-based cohort study," *The Lancet*, 2017; http://www.thelancet.com/journals/lancet/article/PIIS0140-6736(16)32399-6/fulltext(2017.01.20. 접속).

Hurun report, *The Chinese Millionaire Wealth Report 2013*; http://up.hurun.net/ Humaz/201312/20131218145315550.pdf(2016.10.31. 접속).

IEA[International Energy Agency], *Cleaner Coal in China*, OECD/IEA, 2009; https://www.iea.org/publications/freepublications/publication/coal_china2009.pdf(2016.10.14. 접속).

Institute for Global Environmental Strategies(IGES), *IGES Policy Report: Major Development in China's National Air Pollution Policies in the Early 12th Five-Year Plan Period; IGES Policy Report* No. 2013-02, 2014; http://pub.iges.or.jp/modules/envirolib/upload/4954/attach/Major_Developments_in_China's_Air_Pollution_Policies_March2014.pdf(2016.08.12. 접속).

Jian Gongbo, "Shanghai motor vehicle ownership approaching 2.8million," *Xinhua News*; http://sh.xinhuanet.com/auto/2013-01/28/c_132132691.htm(2016.07.09. 접속).

Jiang, Y., "Promoting Chinese energy efficiency," *China Dialogue*, 2007; https://www.chinadialogue. net/article/show/single/en/1119(2016.05.31. 접속).

Johnson, Ian, "As Beijing Becomes a Supercity, the Rapid Growth Brings Pains." *New York Times*. 19 July. , 2015; http://www.nytimes.com/2015/07/20/world/asia/in-china-a-supercity-rises-aroundbeijing.html?emc=eta1&_r=0(2016.08.19. 접속).

Jones, Terril Yue, *Chinese Millionaire Fights Pollution with Thin Air*, 2013; http://mobile. reuters. com/article/oddlyEnoughNews/idUSBRE90T0LM20130130(2016.01.27. 접속).

Kaiman, J., "China's Toxic Air Pollution Resembles Nuclear Winter," *The Guardian*, 2014; http://www.climatecentral.org/news/chinas-air-pollution-resembles-nuclear-winter-scientists-17125(2016.03.20. 접속).

Larson, E., "China's growing coal use is world's growing problem." *Climate Central*, 2014; http://www.climatecentral.org/blogs/chinas-growing-coal-use-is-worlds-growingprobl em-16999(2016.05.16. 접속).

Lin, X. & M. Elder, *Major Developments in China's National Air Pollution Policies in the Early 12th Five Year Plan*(No. 2013-02), Institute for Global Environmental Strategies(IGES), 2014; http:// pub.iges.or.jp/modules/envirolib/view.php?docid=4954(2016.08.03. 접속).

Li, Q. D., "New Year Eve's firecrackers raise PM2.5 rate for 80 times," *Jinghua Times*, 2012; http:// epaper.jinghua.cn/html/2012-01/24/content_755044.htm(2014.07.15. 접속).

Mao Tao, "The Analysis of fog and haze legal measures," *Legal Library*; http://www.law-lib.com/lw/ lw_view.asp?no=23410(2016.08.08. 접속).

McKirdy, E., "China looks for blue-sky solutions as smog worsens." *CNN World*; http://www.cnn. com/2014/02/24/world/asia/beijing-smog-solutions/(2016.05.31. 접속).

MEP[Ministry of Environmental Protection], *Report on the state of the environment in China* 2013. Chinese version: zhongguo huanjing zhuangkuang gongbao 2013. Ministry of Environmental Protection of People's Republic of China, 2013; http://www.mep.gov.cn/gkml/hbb/ qt/201407/W020140707500480541425.pdf(2016.08.03. 접속).

MEPCN, *Determination of atmospheric articles PM10 and PM2.5 in ambient air by gravimetric method*; http://english.mep.gov.cn/standards_reports(2016.12.10. 접속).

Michelle Ker and Kate Logan, "New Environmental Law Targets China's Local Officials," *chinadialogue*, 2014; https://www.chinadialogue.net/article/show/single/en/6939-New-environmentallaw-targets-China-s-local-officials(2016.07.10. 접속).

Miura, Yuji, *China Urgently Needs to Transform Economic Development Model*, 2013; http://ajw. asahi. com/article/views/opinion/AJ201303230033(2016.04.03. 접속).

Moriyasu, K., "China: tourists fly out but they don't fly in, more or less." *Nikkei Asian Review*, 2013; http://asia.nikkei.com/magazine/20140220-Wall-Street-and-Asia-Inc/Politics-Economy/

Foreign-tourists-shy-awayfrom-China(2016.02.27. 접속).

Nan Xu, "Carbon Emissions Cap Does Little to Help Climate Change," *chinadialogue*, 2013; https://www.chinadialogue.net/blog/6056-Carbonemissions-cap-does-little-to-help-climate-change/en(2016.09.14. 접속).

Neeta K., Nevil P., Lesley R., Jonathan G., "Carbon in Airway Macrophages and Lung Function in Children," *The New England Journal of Medicine* 355, 2006; http://www.nejm.org/doi/full/10.1056/NEJMoa052972#t=article(2017.02.12. 접속).

Qi and Wu, "The Politics of Climate Change in China", *National Development and Reform Commission*, "China's Policies and Actions for Addressing Climate Change"; http://en.ndrc.gov.cn/newsrelease/201311/P020131108611533042884.pdf(2016.09.14. 접속).

Qin, L, "China's new Air Pollution Law omits key measures in war on smog," *China Dialogue*, 2015, 4th September; https://www.chinadialogue.net/article/show/single/en/8156-China-s-new-Air-Pollution-Law-omits-keymeasures-in-war-on-smog(2016.08.03. 접속).

Roney, T., "Will China's new environmental protection law make a difference?" *The Diplomat*, 25 April 2014; http://thediplomat.com/2014/04/will-chinas-new-environmentalprotection-law-make-a-difference/(2016.05.31. 접속).

Seizing the Opportunity of Green Development in China; www.worldbank.org/content/dam/Worldbank/document/SR3—229-292.pdf(2016.01.10. 접속).

Seligsohn, Deborah, *How China's 13th Five-Year Plan Addresses Energy and the Environment. Testimony before the U.S.-China Economic and Security Review Commission*, 2016 April 27; http://www.uscc.gov/sites/default/files/Deborah%20Seligsohn_Written%20Testimony%20042716.pdf.(2017.05.20. 접속).

Seligsohn, Deborah, Robert Heilmayr, Xiaomei Tan, and Lutz Weischer., "WRI Policy brief. China, the United States, and the Climate Change Challenge", 2009; http://www.wri.org/publication/china-united-states-and-climate-change-challenge(2017.05.20. 접속).

Su Wei, *Enhanced Actions on Climate Change: China's Intended Nationally Determined Contributions*, 2015; http://www4.unfccc.int/submissions/INDC/Published%20Documents/China/ 1/China's%20INDC%20-%20on%2030%20June%202015.pdf(2016.01.10. 접속).

The Climate Institute, "China Launching Two More Carbon Markets This Week," *The Climate Institute*; http://www.climateinstitute.org.au/verve/_resources/TCI_MediaBrief_ChinaLaunchingTwoMoreCarbonMarkets_November2013.pdf(2016.09.14. 접속).

The Guardian, Schoolchildren Ordered Indoors as Air Pollution Cloaks Shanghai, 2013; http://www.theguardian.com/environment/2013/dec/06/schoolchildren-air-pollution-shanghai-eastern-china(2016.12.24. 접속).

The State Council, Air Pollution Control Action Plan 2013; http://www.gov.cn/zwgk/2013-

09/12/content_2486773.htm(2016.09.12.접속).

The Telegraph, Air pollution blamed as China loses tourists, 2013; http://www.telegraph.co.uk/travel/travelnews/10239362/Air-pollution-blamed-as-China-loses-tourists.html(2016.12.23.접속).

Wang, S., "Motor vehicle contributes to more than 22.2% PM2.5 rate." *Jinghua Times*, 2014; http://epaper.jinghua.cn/html/2014-01/03/content_52877.htm(2016.06.15.접속).

Weather Report, "The data of Air Quality Index in Shanghai December," 2013; http://www.tianqihoubao.com/aqi/shanghai-201312.html(2016.07.09.접속).

Wen, W. H., Luo, T. and Shiao, T., "China's Air Pollution Plan Poses Risk to Water Supply," *Chinadialogue*, 2013; https://www.chinadialogue.net/blog/6448-China-s-air-pollution-plan-poses-risk-to-water-supply/en(2016.07.05.접속).

Xie Zhenhua, "China attaches great importance to climate change issues and actions and policies have achieved remarkable success", 2014; http://www.scio.gov.cn/xwfbh/xwbfbh/wqfbh/2014/20141125/zy32140/Document/1387207/1387207.html(2016.01.03.접속).

Xinhua, China, "U.S. announce ambitious climate change goals," *Xinhua* [online], 12 November 2014; http://news.xinhuanet.com/english/china/2014-11/12/c_133785099.htm(2016.12.10.접속).

Xinhua, "China unveils landmark urbanization plan." *Xinhua English News* [online], 16 March 2014; http://news.xinhuanet.com/english/china/2014-03/16/c_133190495.htm(2016.12.10.접속).

Xinhua, "News Analysis: China's coal industry freezes over." *Xinhua English News* [online]. 25 January 2015; http://news.xinhuanet.com/english/indepth/2015-01/25/c_133945656.htm(2016.12.10.접속).

Xinhua, "China's coal production appears to have fallen for the first time since 2000." *Xinhua* [online]. 23 January 2015; http://news.xinhuanet.com/fortune/2015-01/23/c_1114112421.htm(2016.12.10.접속).

Xinhua, "China's Q1 coal output down 3.5 pct." *Xinhua* 13 April 2015; http://news. xinhuanet.com/english/2015-04/13/c_134147463.htm(2016.12.10.접속).

Xinhua News Agency. *Xinhua Insight: China Declares War Against Pollution*; http://news.xinhuanet.com/english/special/2014-03/05/c_133163557.htm(2016.08.09.접속).

Xu X. et al., *Association of Systemic Inflammation with Marked Changes in Particulate Air Pollution in Beijing in 2008*, 2012; http://ac.els-cdn.com/S0378427412011307/1-s2.0-S0378427412011307- main.pdf?_tid=c247c616-d37f-11e2-aef4- 00000aab0f01&acdnat=1371055827_f4f5bf367becba510f17ee8cb8e90461(2016.04.16.접속).

Xu Wenhua, "The famous events of air pollution in the world history," *Sina News*, 2014; http://

news.sina.com.cn/w/sd/2013-01-13/162226024042.shtml(2016.08.25. 접속).

Yi, T. X., "Drop in Foreign Tourists to China." *The Star*, 2014; http://www.thestar.com.my/Opinion/Columnists/Check-InChina/Profile/Articles/2014/01/24/Drop-in-foreign-tourists-to-China/(2016.02.04. 접속).

Zhang, B. & C. Cao, "Policy: Four gaps in China'snew environmental law." *Nature* (Comment) 517, 2015; http://www.nature.com/news/policy-fourgaps-in-china-s-new-environmental-law-1.16736(2016.08.03. 접속).

Zhang Gaoli, "Comprehensively deepen reforms to promote sustainable and healthy development of the economy and society." [online] Speech at the 15th China Development Forum. 23 March 2014; http:// cpc.people.com.cn/n/2014/0324/c64094-24714056.html(2016.12.24. 접속).

Zhu, Jin, *Promise of iron fist against pollution*, 2013; http://www.chinadaily.com.cn/ china/2013npc/2013-03-18/content_16314997.htm(2016.03.03. 접속).

그림 출처

그림 2 ⓒ bmagixaw, from Panoramio https://ssl.panoramio.com / 그림 3 ⓒⓘⓞ Igors Jefimovs / 그림 4 ⓒⓘⓞ sutori.com / 그림 5 ⓒ courtesy of CALU's Donora Digital Collection / 그림 6 ⓒ Corrine Dowlin and Rachael Fawley, from A Town Called Donora: A Digital Story / 그림 10 ⓒ 《매일경제》 1976년 01월 14일자 / 그림 16 ⓒthe-scientist.com / 그림 18 ⓒ 미국심장협회 (American Heart Association) / 그림 19 source: 환경부 / 그림 20 source: 국립환경과학원 / 그림 21 ⓒ http://www.circulaseguro.pt / 그림 23 ⓒ 수도권 대기환경청 / 그림 24 ⓒ 에어가드 K 공기지능센터 / 그림 27 ⓒ http://slideplayer.com / 그림 29 ⓒ chinadigitaltimes.net / 그림 30 ⓒ chinadigitaltimes.net / 그림 33 ⓒ http://www.bjreview.com.cn / 그림 34 ⓒ statista.com / 그림 35 ⓒ Beijing Municipal Environment Monitoring Center, 2014 / 그림 38 ⓒ Impacts of soil and water pollution on food safety and health risks in China, Yonglong Lu et al., 2015 / 그림 40 ⓒ http://www.fossiltransition.org / 그림 41 ⓒ https://sites.duke.edu / 그림 45 ⓒ 지질자원연구원

표 3. Johnson D, Vincent J. Sampling and sizing of airborne particles. In: DeNardi SR, ed. 2003. The Occupational Environment: Its Evaluation, Control, and Management. Fairfax, VA: American Industrial Hygiene Association./ 표 4. 환경부 / 표 9. 10 수도권대기환경청, 타이어 및 브레이크 패드 마모에 의한 비산먼지 배출량 및 위해성 조사, 2012 / 표 19. 한국공기청정협회

찾아보기

In loving memory of
Myung Yeon Jeong
(June 18, 1929 – April 12, 2008)

오늘도 미세먼지 나쁨

지은이 | 김동환

1판 1쇄 발행일 2018년 4월 30일
1판 4쇄 발행일 2019년 6월 17일

발행인 | 김학원
편집주간 | 김민기 황서현
기획 | 문성환 박상경 임은선 김보희 최윤영 전두현 최인영 정민애 김주원 이문경 임재희 이화령
디자인 | 김태형 유주현 구현석 박인규 한예슬
마케팅 | 김창규 김한밀 윤민영 김규빈 송희진 김수아
제작 | 이정수
저자·독자 서비스 | 조다영 윤경희 이현주 이령은(humanist@humanistbooks.com)
조판 | 홍영사
용지 | 화인페이퍼
인쇄 | 청아디앤피
제본 | 정민문화사

발행처 | (주)휴머니스트 출판그룹
출판등록 | 제313-2007-000007호(2007년 1월 5일)
주소 | (03991) 서울시 마포구 동교로23길 76(연남동)
전화 | 02-335-4422 팩스 | 02-334-3427
홈페이지 | www.humanistbooks.com

ISBN 979-11-6080-134-7 03300

• 이 도서의 248248국립중앙도서관 출판시도서목록(CIP)은 e-CIP홈페이지(http://www.nl.go.kr/ecip)와
국가자료공동목록시스템(http://www.nl.go.kr/kolisnet)에서 이용하실 수 있습니다.
(CIP제어번호: CIP2018012112)

만든 사람들

편집주간 | 황서현
기획 | 임은선(yes2001@humanistbooks.com), 임재희
편집 | 정일웅
표지 디자인 | 민진기디자인   표지 일러스트 | 김윤미